Collection
Architectures

A Amédée Ozenfant

VERS UNE ARCHITECTURE

LE CORBUSIER

VERS UNE ARCHITECTURE

NOUVELLE ÉDITION REVUE ET AUGMENTÉE
D'UNE LETTRE INÉDITE DE L'AUTEUR
PRÉSENTÉE PAR EUGÈNE CLAUDIUS-PETIT

Champs arts

N.D.E. : Nous avons respecté intégralement l'orthographe utilisée dans l'édition originale de cet ouvrage.

L'édition originale de cet ouvrage a été publiée en 1923
sous le titre VERS UNE ARCHITECTURE
par les éditions Crès et Cie à Paris.

ISBN : 978-2-0812-1744-7

INTRODUCTION A LA SECONDE ÉDITION

Lorsque parut, il y a moins d'un an, la première édition de cet ouvrage, l'intérêt pour les choses de l'architecture s'éveillait partout. L'essentiel de ces chapitres publiés auparavant en articles dans *l'Esprit Nouveau* avait fait un recensement subit : on parlait, on aimait à parler, on désirait pouvoir parler Architecture. Conséquence d'un profond mouvement social. De même au XVIIIe siècle s'était éveillée une passion générale pour l'architecture; les bourgeois dessinaient de l'architecture, les hauts fonctionnaires aussi, Blondel, Claude Perrault, la Porte Saint-Denis, la Colonnade du Louvre. Et le pays s'était entièrement couvert d'œuvres témoignant de cet esprit.

La façon dont le présent livre a réagi, non pas justement sur les professionnels, mais sur le public, confirme l'avènement d'un cycle d'architecture. Le public désintéressé des questions d'atelier ne s'attache qu'à l'idée d'une architecture nouvelle susceptible de lui apporter un confort déjà entrevu par ailleurs (le tourisme automobile, les croisières sur mer, etc.), mais surtout la satisfaction d'un sentiment neuf. D'où vient, qu'est ce sentiment neuf? C'est l'éclosion, après une germination profonde, du sens architectural d'époque. Époque neuve, — terre spirituelle en friche, — nécessité de bâtir *sa maison. Une maison qui soit cette limite humaine, nous entourant, nous séparant du phénomène naturel antagoniste, nous donnant notre milieu humain, à nous hommes*. Nécessité de combler une aspiration instinctive, de réaliser une fonction naturelle. Architecturer! Ce n'est pas là que travail technique de professionnel. C'est aux tournants caractéristiques, un mouvement impulsif de l'idée commune, qui manifeste en quel mode elle entend ordonner ses actes.

Ainsi l'architecture devient-elle le miroir des temps.

L'architecture actuelle s'occupe de la maison, de la maison ordinaire et courante pour hommes normaux et courants. Elle laisse tomber les palais. Voilà un signe des temps.

Étudier la maison pour homme courant, « tout venant », c'est retrouver les bases humaines, l'échelle humaine, le besoin-type, la fonction-type; l'*émotion-type.* Et voilà! C'est capital, c'est tout. Digne période qui s'annonce, où l'homme a quitté la pompe!

***

Ce livre est écrit à l'emporte-pièce. Comment parler d'architecture avec un détachement élégant, d'architecture résultante de l'esprit d'une époque, au moment où cet esprit est encore recouvert de la défroque insupportable d'une époque mourante?

Alors ceci, tout naturellement : pour passer outre la chape de plomb qui écrase, lancer des traits qui la percent, espèces de coups de pic pour trouer la chape lourde. Trouer. Alors, une trouée ici, une trouée là. Voilà des vues! On a des vues, hors de la chape de plomb qui étouffe. Donner des vues, faire des percées. Stratégie utile, efficace. Je me suis rallié à cette tactique, presque imposée du reste.

Ce livre étant tiré une seconde fois, il fallait néanmoins le compléter, il fallait élargir le terrain autour des percées effectuées. Le faire dans cette nouvelle édition, c'eût été faire un autre livre effectivement. J'ai donc laissé celui-ci intact et j'ai fait deux autres livres qui sont comme les ailes droite et gauche. En même temps que la réédition de *Vers une Architecture* sortiront des mêmes presses : *Urbanisme* et *l'Art décoratif d'aujourd'hui,* deux cycles d'idées que j'ai, au cours de l'année écoulée, parcourus dans *l'Esprit Nouveau,* cette revue d'activité contemporaine qui met les unes à côté des autres les faces multiples de l'événement moderne et en fait une effigie claire, concordante, convaincante, une effigie dont le visage mâle et ferme appelle notre sympathie, appelle notre concours, le travail efficace de nos mains et de notre esprit.

Ainsi *Vers une Architecture,* parti seul l'an dernier, cette année poursuit sa route flanqué de deux appuis extrêmes qui sont d'une part le phénomène architectural urbain, par qui se situe l'architecture, d'autre part ce qu'on est convenu d'appeler de ce triste mot « art décoratif », par quoi nous devons trouver sous nos mains et accompagnant tous nos actes, la présence constante d'un esprit architectural nous maintenant tant sous le charme des sens que dans un état de dignité virile.

Novembre 1924.

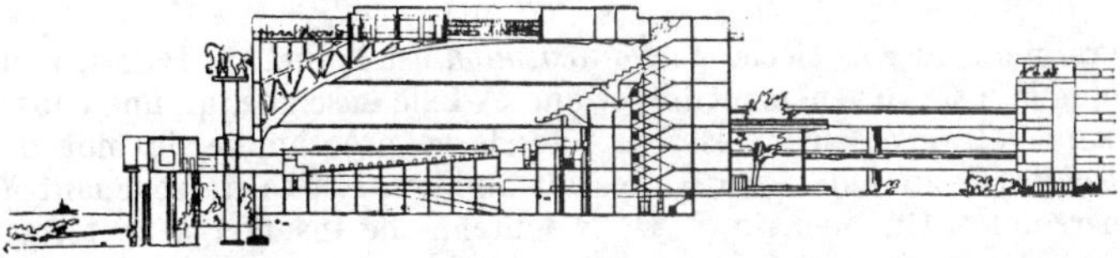

LE CORBUSIER et PIERRE JEANNERET.

LE PALAIS DES NATIONS.
Coupe sur la Grande Salle.

« TEMPÉRATURE »

A L'OCCASION DE LA TROISIÈME ÉDITION

En 1924, en tous pays, « l'Architecture s'occupe de la maison, de la maison ordinaire et courante, pour hommes normaux et courants. Elle laisse tomber les palais. Voilà un signe des temps ». (Introduction à la seconde édition.)

Les peuples, réunis en une Société des Nations, tentent d'organiser l'après-guerre sous le signe d'un esprit nouveau. A Genève, un organisme fait sa croissance, fonctionne, produit; il s'abrite dans un campement de fortune.

1926 : La Société des Nations ouvre solennellement dans le monde entier un concours pour la construction d'un *Palais des Nations*. Programme singulièrement bien établi, réclamant des architectes, des organes de travail précis et efficaces. Programme dressé par des chefs d'affaires ayant besoin de bureaux où règnent l'efficacité, la précision, la rapidité. On lit ce programme : on est vraiment au XXe siècle; l'*administration* est l'objet du Palais, non plus le faste. Événement historique. A telle enseigne, qu'une chose sonne étrangement; c'est, en tête de ce programme, le mot de *Palais*. Ce mot de *Palais* apparaît ambigu. Est-ce un revenant à perruque? Ou bien, la S. D. N. entend-elle insuffler à ce terme désuet un sens nouveau?

En 1924 : « Étudier la maison pour homme courant, tout venant, c'est retrouver les bases humaines, l'échelle humaine, le besoin-type, la fonction-type, l'*émotion-type*. Et voilà. C'est capital, C'est tout.

« Digne période qui s'annonce où l'homme a quitté la pompe. » (Introduction à la seconde édition.)

En 1921, lors de la création de « l'Esprit Nouveau », à la parution des premiers articles qui forment ce livre, l'architecture, nourrie encore un peu partout d'esprit scolastique, boudait à l'événement moderne, boudait *aux conséquences* inquiétantes des techniques nouvelles; elle « habillait » encore.

Mais à ce jour, 1er janvier 1928, — six ans plus tard, — la voici absorbée partout dans la réalisation du véritable problème : la maison moderne. Programme d'habitation moderne, moyens techniques modernes, force d'organisation moderne, ont créé en tous pays les maisons de l'époque pour homme moderne.

Est-ce bien vrai? La maison-outil, la « machine à habiter » est devenue monnaie courante? La machine à *habiter comment ?* Comme hier ou comme aujourd'hui? La réponse n'est pas très certaine. Si les installations sanitaires sont en honneur, le *sentiment* qui habite nos cœurs est-il exprimé, se manifeste-t-il même nettement en nous? Oh! pas du tout! Je crois bien que nous traînons de fort grands lambeaux de notre vêture sentimentale d'autrefois. La construction, à Stuttgart, en 1926, de la cité-jardin de Weissenhoff par quatorze architectes notoires, a révélé l'existence de procédés techniques, une tendance esthétique, mais elle n'a fait que hérisser le public en deux camps antagonistes, parce qu'un *plan moderne* de la maison ne s'est point imposé. Nous avons, nous, tirant parti des libertés immenses acquises par les techniques nouvelles, cherché à pressentir un *plan nouveau*. Lorsqu'une époque possède le plan d'un logis, c'est que son évolution sociale s'est fixée, et qu'un équilibre existe. Nous n'en sommes pas là.

Ayant autrefois réclamé (et obtenu) l'acquiescement des gens de bon entendement, — c'était le point révolutionnaire du présent livre — ayant réclamé la « machine à habiter », nous avons, depuis, révolté cette opinion toute fraîche lorsque nous avons prétendu que cette machine pouvait être un *palais*. Et par palais nous voulions signifier que chaque organe de la maison, par la qualité de sa disposition dans l'ensemble, pouvait entrer en tels rapports émouvants dévoilant la grandeur et la noblesse d'une *intention*. Et cette intention, c'était, pour nous, l'*architecture*. A ceux qui, absorbés maintenant dans le problème de la « machine à habiter », déclaraient : « l'architecture, c'est servir », nous avons répondu : « l'architecture, c'est émouvoir ». Et nous avons été taxé de « poète », avec dédain.

***

Une maison — un palais. Nous pensions pouvoir limiter, à cette besogne contemporaine, le plus passionné de notre activité.

Or, en 1926, la *Société des Nations* interpelle les architectes de tous les pays, leur demandant un *Palais*.

Immédiatement, nous réalisons la situation par ce concept : *un palais — une maison*. Le programme, si précis, d'ailleurs nous y invite. Il s'agit, pour Genève, d'un immense bâtiment d'administration (1).

Est-ce autre chose « qu'étudier la maison pour homme courant », « tout venant », est-ce autre chose que retrouver les bases humaines, l'échelle humaine, le besoin-type, la fonction-type, est-ce autre chose que retrouver l'*émotion-type ?* L'émotion architecturale, « c'est le jeu savant, correct et magnifique des volumes sous la lumière » (pierre d'angle de notre intervention dans le mouvement architectural en 1921 dans l'Esprit nouveau).

***

Nous avons estimé qu'un Palais était destiné à remplir des fonctions précises à l'usage d'hommes « tout venant ». Échelle humaine, fonctions-types, etc. Et nous nous sommes absorbés dans l'analyse, et notre joie a été de créer un palais fait exactement des éléments de nos cités-jardins, de nos hôtels particuliers, de nos maisons locatives. Rêvant alors d'*un plan*, nous avons cherché à ordonner ces organes vivants et productifs suivant une haute intention architecturale : émouvoir par la grandeur de l'intention.

(1) A l'impression : « UNE MAISON — UN PALAIS, — *à la recherche d'une unité architecturale* » aux Éditions Crès et Cie, Collection de l'Esprit Nouveau.

L. C. et P. J. PALAIS DES NATIONS.
Le bâtiment des Bureaux.

C'est ainsi que, fidèles au devoir architectural, nous avons soumis à Genève un *Palais moderne*.

Ah, mais quel scandale! Scandale à l'Académie qui avait mobilisé toutes ses troupes. Ses troupes ont envoyé à Genève quelque dix kilomètres de plans, reflets blêmes d'attitudes historiques. L'opinion se manifeste : décidément le monde n'est pas si avancé que nous croyons tous; la bonne « société » attend *un palais* et

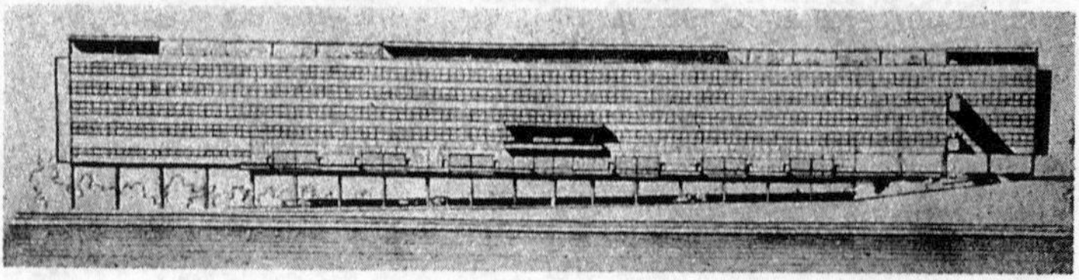

La façade des Bureaux, élevée sur pilotis.

L. C. et P. J. PALAIS DES NATIONS.
Le grand quai de la Salle des Assemblées.

pour elle, il n'est de vrai palais que les images enregistrées au cours d'un voyage de noces aux pays des princes, des cardinaux, des doges ou des rois.

C'est véritablement tragique : la société moderne est en pleine refonte; tout est bouleversé par la machine; l'évolution a suivi en cent ans un rythme foudroyant; un rideau est tombé, refermé

La façade du bâtiment de la Grande Salle.

L. C. et P. J. LE PALAIS DES NATIONS.

A gauche, les bâtiments du Secrétariat, des Petites Commissions et de la Bibliothèque; à droite, le bâtiment de la Grande Salle, des Grandes Commissions et du Conseil.

PROJET DE PALAIS DES NATIONS A GENÈVE

Premier prix du Concours international d'Architecture.

L. C. et P. J. — Vue du Palais depuis le lac.

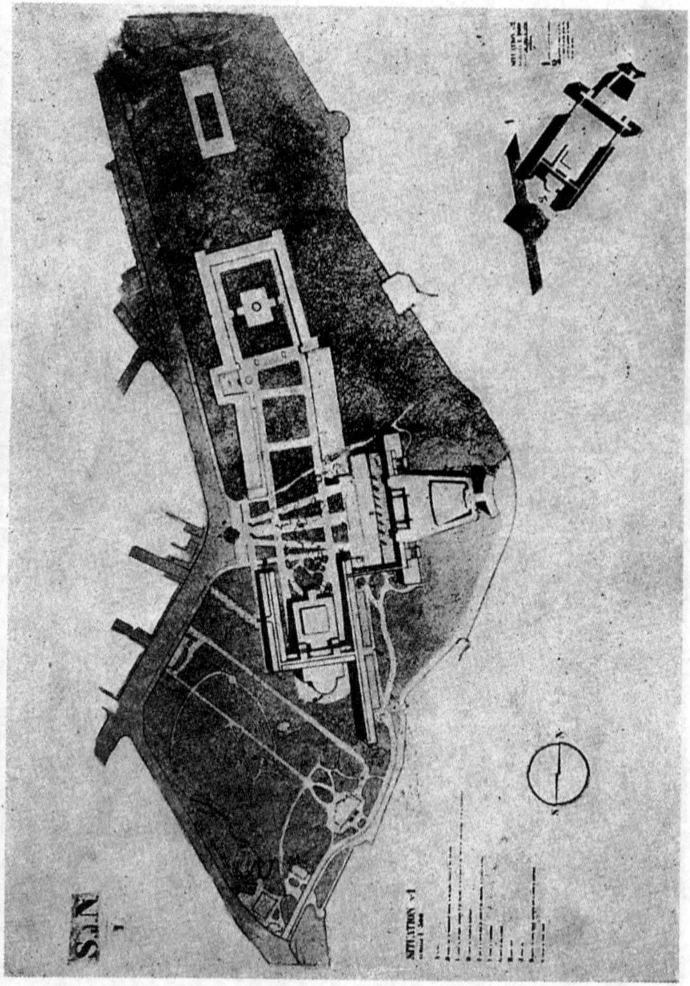

Plan de situation du Palais avec extension présumée à l'est.

L. C. et P. J.

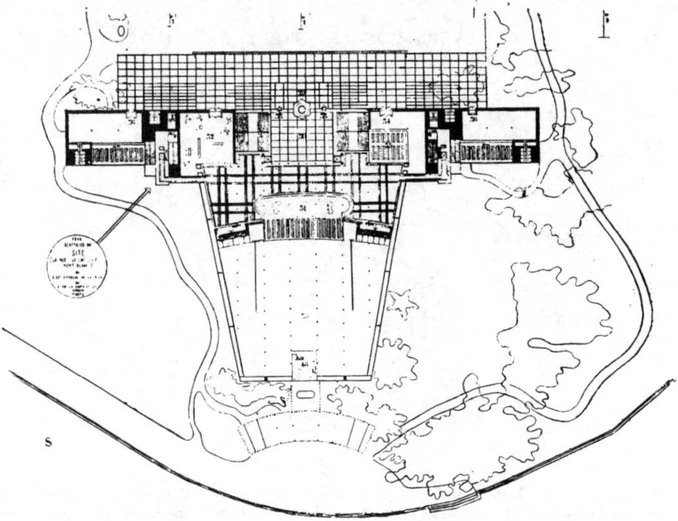

Bâtiment de la Grande Salle. — Le quai d'arrivée et les vestibules.

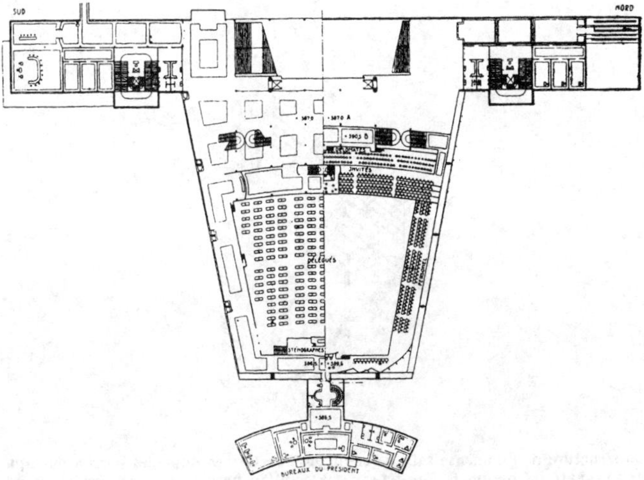

La Grande Salle. — Les Pas-Perdus, le Pavillon du Président.

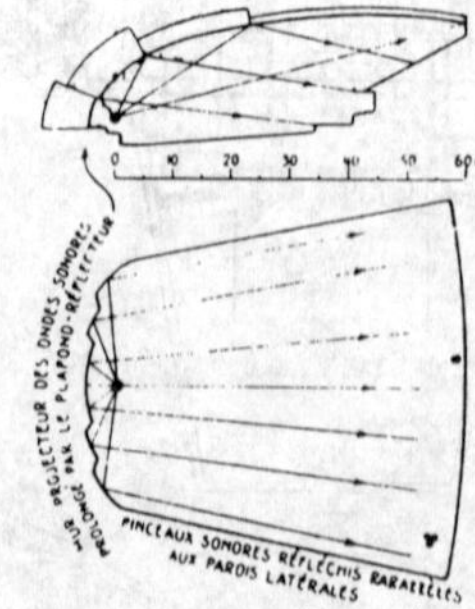

La forme de la Grande Salle, en plan et en coupe, est totalement déterminée par l'épure d'acoustique dont l'effet est de diriger les ondes sonores de façon à les amplifier et à les conduire sans retour ni retard à l'oreille des auditeurs les plus éloignés.

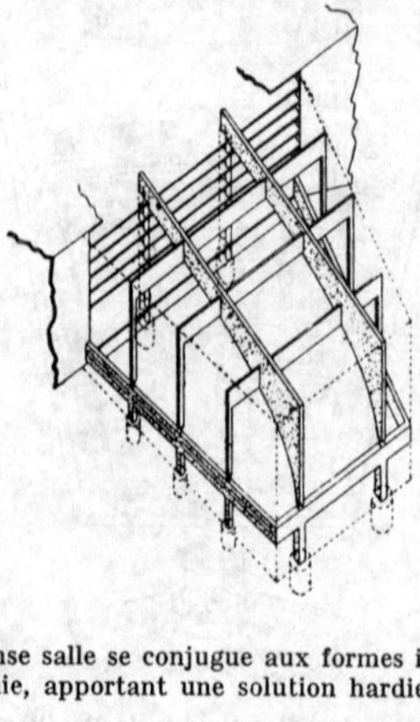

La structure de l'immense salle se conjugue aux formes imposées par l'acoustique, dans une parfaite harmonie, apportant une solution hardie, mais de la plus grande économie.

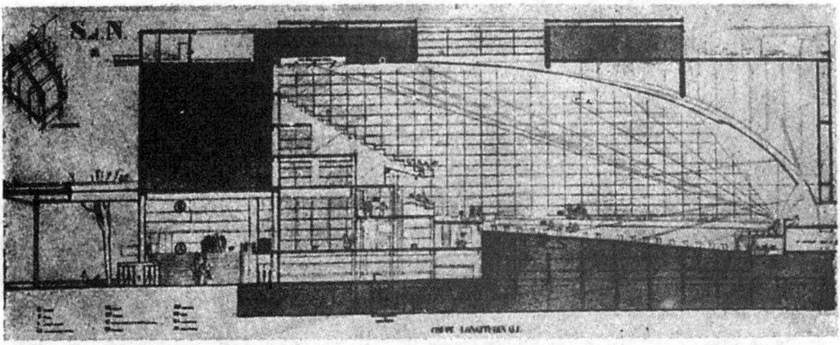

La grande coupe de la Salle, avec ses détails si complets, est une véritable coupe anatomique : tout est prévu, résolu. Plus rien n'est laissé à l'improvisation.

à jamais sur ce qui fut de nos usages, de nos moyens, de nos travaux; devant nous s'ouvre l'étendue et le monde entier s'y est précipité. La Société des Nations, elle, *retourne derrière le rideau.*

***

Le Palais, s'insérant dans le site qu'il ne trouble pas, sauvegarde le magnifique paysage.

La géométrie des formes architecturales entre en symphonie avec les richesses naturelles du site.

Nous pensions que ce livre *Vers une Architecture* avait accompli sa tâche. Manifeste, il avait eu son heure, et c'était fini. Le verdict de la Société des Nations (22 décembre 1927) fait mesurer la situation vraie. Le verdict donne la *température* de l'époque.

C'est sous les pilotis que s'organise une grande part de la circulation automobile aux jours de grande affluence.

PALAIS DES NATIONS A GENÈVE.

Les lauréats de la dernière heure : MM. Nénot, Broggi, Vago. La raison a perdu pied ! Le Palais n'est plus une machine à travailler, c'est un mausolée représentatif. L'Académie triomphe !

M. Nénot, architecte, membre de l'Institut, président de l'Académie des Beaux-Arts, constructeur de la Sorbonne, vainqueur de la bataille pour le Palais des Nations, nous confirme la température.

« Je suis heureux pour l'Art tout court; l'équipe française (*sic ;* et les autres architectes de Paris?) avait pour but, quand elle se mit sur les rangs, de faire échec à la barbarie. Nous appelons barbarie une certaine architecture qui fait fureur depuis quelques années, dans l'Europe orientale et septentrionale... Elle nie toutes les belles époques de l'histoire et, de toute façon, insulte au sens commun et au bon goût. Elle a le dessous, tout est bien. »

(Interview de l'*Intransigeant*, 24 décembre 1927.)

Alors, *Vers une Architecture* demeure mobilisé. Après les traductions allemande, anglaise et américaine, ce livre-manifeste reprend le licou et continue son travail.

Ce manifeste, hélas, est encore d'actualité.

1er janvier 1928.

La dernière œuvre du metteur en scène du jugement du concours : Le nouveau Cercle Militaire de la place Saint-Augustin à Paris.

M. Lemaresquier, professeur à l'École des Beaux-Arts, a réussi, par un « truc » classique, à ramener à parité avec huit autres le projet Le Corbusier et Pierre Jeanneret, désigné pour l'exécution par une majorité des membres du jury.

ARGUMENT

ESTHÉTIQUE DE L'INGÉNIEUR, ARCHITECTURE

Esthétique de l'Ingénieur, Architecture, deux choses solidaires, consécutives, l'une en plein épanouissement, l'autre en pénible régression.

L'ingénieur, inspiré par la loi d'Économie et conduit par le calcul, nous met en accord avec les lois de l'univers. Il atteint l'harmonie.

L'architecte, par l'ordonnance des formes, réalise un ordre qui est une pure création de son esprit ; par les formes, il affecte intensivement nos sens, provoquant des émotions plastiques ; par les rapports qu'il crée, il éveille en nous des résonances profondes, il nous donne la mesure d'un ordre qu'on sent en accord avec celui du monde, il détermine des mouvements divers de notre esprit et de notre cœur ; c'est alors que nous ressentons la beauté.

TROIS RAPPELS A MM. LES ARCHITECTES

LE VOLUME

Nos yeux sont faits pour voir les formes sous la lumière.

Les formes primaires sont les belles formes parce qu'elles se lisent clairement.

Les architectes d'aujourd'hui ne réalisent plus les formes simples.

Opérant par le calcul, les ingénieurs usent des formes géométriques, satisfaisant nos yeux par la géométrie et notre esprit par la mathématique ; leurs œuvres sont sur le chemin du grand art.

LA SURFACE

Un volume est enveloppé par une surface, une surface qui est divisée suivant les directrices et les génératrices du volume, accusant l'individualité de ce volume.

Les architectes ont, aujourd'hui, peur des constituantes géométriques des surfaces.

Les grands problèmes de la construction moderne seront réalisés sur la géométrie.

Assujettis aux strictes obligations d'un programme impératif, les ingénieurs emploient les génératrices et les accusatrices des formes. Ils créent des faits plastiques limpides et impressionnants.

LE PLAN

Le plan est le générateur.

Sans plan, il y a désordre, arbitraire.

Le plan porte en lui l'essence de la sensation.

Les grands problèmes de demain, dictés par des nécessités collectives, posent à nouveau la question du plan.

La vie moderne demande, attend un plan nouveau, pour la maison et pour la ville.

LES TRACÉS RÉGULATEURS

De la naissance fatale de l'architecture.

L'obligation de l'ordre. Le tracé régulateur est une assurance contre l'arbitraire. Il procure la satisfaction de l'esprit.

Le tracé régulateur est un moyen ; il n'est pas une recette. Son choix et ses modalités d'expression font partie intégrante de la création architecturale.

DES YEUX QUI NE VOIENT PAS

LES PAQUEBOTS

Une grande époque vient de commencer.

Il existe un esprit nouveau.

Il existe une foule d'œuvres d'esprit nouveau ; elles se rencontrent surtout dans la production industrielle.

L'architecture étouffe dans les usages.

Les « styles » sont un mensonge.

Le style, c'est une unité de principe qui anime toutes les œuvres d'une époque et qui résulte d'un état d'esprit caractérisé.

Notre époque fixe chaque jour son style.

Nos yeux, malheureusement, ne savent pas le discerner encore.

LES AVIONS

L'avion est un produit de haute sélection.

La leçon de l'avion est dans la logique qui a présidé à l'énoncé du problème et à sa réalisation.

Le problème de la maison n'est pas posé.

Les choses actuelles de l'architecture ne répondent plus à nos besoins.

Pourtant il y a les standarts du logis.

La mécanique porte en soi le facteur d'économie qui sélectionne.

La maison est une machine à habiter.

LES AUTOS

Il faut tendre à l'établissement de standarts pour affronter le problème de la perfection.

Le Parthénon est un produit de sélection appliquée à un standart.

L'architecture agit sur les standarts.

Les standarts sont chose de logique, d'analyse, de scrupuleuse étude ; ils s'établissent sur un problème bien posé. L'expérimentation fixe définitivement le standart.

ARCHITECTURE

LA LEÇON DE ROME

L'architecture, c'est, avec des matériaux bruts, établir des rapports émouvants.

L'architecture est au delà des choses utilitaires.

L'architecture est chose de plastique.

Esprit d'ordre, unité d'intention.

Le sens des rapports ; l'architecture gère des quantités.

La passion fait des pierres inertes, un drame.

L'ILLUSION DES PLANS

Le plan procède du dedans au dehors ; l'extérieur est le résultat d'un intérieur.

Les éléments architecturaux sont la lumière et l'ombre, le mur et l'espace.

L'ordonnance, c'est la hiérarchie des buts, la classification des intentions.

L'homme voit les choses de l'architecture avec ses yeux qui sont à 1 m. 70 du sol. On ne peut compter qu'avec des buts accessibles à l'œil, qu'avec des intentions qui font état des éléments de l'architecture. Si l'on compte avec des intentions qui ne sont pas du langage de l'architecture, on aboutit à l'illusion des plans, on transgresse les règles du plan par faute de conception ou par inclination vers les vanités.

PURE CRÉATION DE L'ESPRIT

La modénature est la pierre de touche de l'architecte.

Celui-ci se révèle artiste ou simple ingénieur.

La modénature est libre de toute contrainte.

Il ne s'agit plus ni d'usages, ni de traditions, ni de procédés constructifs, ni d'adaptations à des besoins utilitaires.
La modénature est une pure création de l'esprit; elle appelle le plasticien.

MAISONS EN SÉRIE

Une grande époque vient de commencer.

Il existe un esprit nouveau.

L'industrie, envahissante comme un fleuve qui roule à ses destinées, nous apporte les outils neufs adaptés à cette époque nouvelle animée d'esprit nouveau.

La loi d'Économie gère impérativement nos actes et nos pensées.

Le problème de la maison est un problème d'époque. L'équilibre des sociétés en dépend aujourd'hui. L'architecture a pour premier devoir, dans une époque de renouvellement, d'opérer la revision des valeurs, la revision des éléments constitutifs de la maison.

La série est basée sur l'analyse et l'expérimentation.

La grande industrie doit s'occuper du bâtiment et établir en série les éléments de la maison.

Il faut créer l'état d'esprit de la série,

L'état d'esprit de construire des maisons en série,

L'état d'esprit d'habiter des maisons en série,

L'état d'esprit de concevoir des maisons en série

Si l'on arrache de son cœur et de son esprit les concepts immobiles de la maison et qu'on envisage la question d'un point de vue critique et objectif, on arrivera à la maison-outil, maison en série, saine (et moralement aussi) et belle de l'esthétique des outils de travail qui accompagnent notre existence.

Belle aussi de toute l'animation que le sens artiste peut apporter à des stricts et purs organes.

ARCHITECTURE OU RÉVOLUTION

Dans tous les domaines de l'industrie, on a posé des problèmes nouveaux, créé un outillage capable de les résoudre. Si l'on place ce fait en face du passé, il y a révolution.

Dans le bâtiment, on a commencé à usiner la pièce de série ; on a, sur de nouvelles nécessités économiques, créé des éléments de détail et des éléments d'ensemble : des réalisations concluantes sont faites dans le détail et dans l'ensemble. Si l'on se place en face du passé, il y a révolution dans les méthodes et dans l'ampleur des entreprises.

Alors que l'histoire de l'architecture évolue lentement à travers les siècles, sur des modalités de structure et de décor, en cinquante ans, le fer et le ciment ont apporté des acquisitions qui sont l'indice d'une grande puissance de construction et l'indice d'une architecture au code bouleversé. Si l'on se place en face du passé, on mesure que les « styles » n'existent plus pour nous, qu'un style d'époque s'est élaboré ; il y a eu révolution.

Les esprits ont consciemment ou inconsciemment pris connaissance de ces événements ; des besoins sont nés, consciemment ou inconsciemment.

Le rouage social, profondément perturbé, *oscille entre une amélioration d'importance historique ou une catastrophe.*

L'instinct primordial de tout être vivant est de s'assurer un gîte. Les diverses classes actives de la société n'ont plus de gîte convenable, *ni l'ouvrier, ni l'intellectuel.*

C'est une question de bâtiment qui est à la clé de l'équilibre rompu aujourd'hui : architecture ou révolution.

Pont de Garabit (Eiffel, ingénieur).

ESTHÉTIQUE DE L'INGÉNIEUR ARCHITECTURE

Esthétique de l'ingénieur, Architecture, deux choses solidaires, consécutives, l'une en plein épanouissement, l'autre en pénible régression.

L'ingénieur, inspiré par la loi d'économie et conduit par le calcul, nous met en accord avec les lois de l'univers. Il atteint l'harmonie.

L'architecte, par l'ordonnance des formes, réalise un ordre qui est une pure création de son esprit ; par les formes, il affecte intensivement nos sens, provoquant des émotions plastiques ; par les rapports qu'il crée, il éveille en nous des résonances profondes, il nous donne la mesure d'un ordre qu'on sent en accord avec celui du monde, il détermine des mouvements divers de notre esprit et de notre cœur ; c'est alors que nous ressentons la beauté.

Esthétique de l'ingénieur, architecture, deux choses solidaires, consécutives, l'une en plein épanouissement, l'autre en pénible régression.

Question de moralité. Le mensonge est intolérable. On périt dans le mensonge.

L'architecture est l'un des plus urgents besoins de l'homme, puisque la maison a toujours été l'indispensable et premier outil qu'il se soit forgé. L'outillage de l'homme jalonne les étapes de la civilisation, l'âge de pierre, l'âge de bronze, l'âge de fer. L'outillage procède de perfectionnements successifs; le travail des générations s'y additionne. L'outil est l'expression directe, immédiate du progrès; l'outil est le collaborateur obligé; il est le libérateur aussi. On jette aux ferrailles le vieil outil : l'escopette, la couleuvrine, le fiacre et la vieille locomotive. Ce geste est une manifestation de santé, de santé morale, de morale aussi; on n'a pas le droit de produire mal à cause d'un mauvais outil; on n'a pas le droit d'user sa force, sa santé et son courage à cause d'un mauvais outil; on jette, on remplace.

Mais les hommes vivent dans de vieilles maisons et ils n'ont pas encore songé à se construire des maisons. Le gîte leur tient au cœur, depuis tous les temps. Tant et si fort qu'ils ont établi le culte sacré de la maison. Un *toit!* autres dieux lares. Les religions sont établies sur des dogmes, les dogmes ne changent pas; les civilisations changent; les religions s'écroulent vermoulues. Les maisons n'ont pas changé. La religion des maisons demeure identique depuis des siècles. La maison s'écroulera.

Un homme qui pratique une religion et n'y croit pas, est un lâche; il est malheureux. Nous sommes malheureux d'habiter dans des maisons indignes parce qu'elles ruinent notre santé et notre morale. Nous sommes devenus des êtres sédentaires, c'est le sort; la maison nous ronge dans notre immobilité, comme une phtisie. Il faudra bientôt trop de sanatoria. Nous sommes malheureux. Nos maisons nous dégoûtent; nous les fuyons et nous fréquentons les cafés et les bals; ou nous nous assemblons mornes et tapis dans les maisons comme des animaux tristes. Nous nous démoralisons.

Les ingénieurs construisent les outils de leur temps. Tout, sauf les maisons et les boudoirs pourris.

Il est une grande école nationale d'architectes et il est, dans tous les pays, des écoles nationales, régionales, municipales, d'architectes, qui emberlificotent des intelligences jeunes et leur enseignent le faux, le fard et les obséquiosités des courtisans. Des écoles nationales!

Les ingénieurs sont sains et virils, actifs et utiles, moraux et joyeux. Les architectes sont désenchantés et inoccupés, hâbleurs ou moroses. C'est qu'ils n'auront bientôt plus rien à faire. *Nous n'avons plus d'argent* pour échafauder des souvenirs historiques. Nous avons besoin de nous laver.

Les ingénieurs y pourvoient et ils bâtiront.

Pourtant il y a l'ARCHITECTURE. Chose admirable, la plus belle. Le produit des peuples heureux et ce qui produit des peuples heureux.

Les villes heureuses ont de l'architecture.

L'architecture est dans l'appareil téléphonique et dans le Parthénon. Comme elle pourrait être bien à l'aise dans nos maisons! Nos maisons font des rues et les rues font des villes et les villes, c'est un individu qui prend une âme, qui sent, qui souffre et qui admire. Comme l'architecture pourrait être bien dans les rues et dans toute la ville!

Le diagnostic est clair.

Les ingénieurs font de l'architecture, car ils emploient le calcul issu des lois de la nature, et leurs œuvres nous font sentir l'HARMONIE. Il y a donc une esthétique de l'ingénieur, puisqu'il faut, en calculant, qualifier certains termes de l'équation, et c'est le goût qui intervient. Or, lorsqu'on manie le calcul, on est dans un état d'esprit pur et, dans cet état d'esprit, le goût prend des chemins sûrs.

Les architectes sortis des Écoles, ces serres chaudes où l'on fabrique des hortensias bleus, des chrysanthèmes verts et où l'on cultive des orchidées malpropres, entrent dans la ville avec l'esprit d'un laitier qui vendrait son lait avec du vitriol, avec du poison.

On croit encore, ici et là, aux architectes, comme on croit aveuglément à tous les médecins. Il faut bien que les maisons tiennent! Il faut bien avoir recours à l'homme de l'art! L'art, d'après Larousse, c'est l'application des connaissances à la réalisation d'une conception. Or, aujourd'hui, ce sont les ingénieurs qui *connaissent*, qui connaissent la manière de faire tenir, de chauffer, de ventiler, d'éclairer. N'est-ce pas vrai?

Le diagnostic, c'est que, pour commencer par le commencement, l'ingénieur qui procède par connaissance montre le chemin et tient la vérité. C'est que l'architecture, qui est chose d'émotion plastique, doit, dans son domaine, COMMENCER PAR LE COMMENCEMENT AUSSI, et EMPLOYER LES ÉLÉMENTS SUSCEPTIBLES DE FRAPPER NOS SENS, DE COMBLER NOS DÉSIRS VISUELS, et les disposer de telle manière QUE LEUR VUE NOUS AFFECTE CLAIREMENT par la finesse ou la brutalité, le tumulte ou la sérénité, l'indifférence ou l'intérêt; ces éléments sont des éléments plastiques, des formes que nos yeux voient clairement, que notre esprit mesure. Ces formes primaires ou subtiles, souples ou brutales, agissent physiologiquement sur nos sens (sphère, cube, cylindre, horizontale, verticale, oblique, etc.) et les commotionnent. Étant affectés, nous sommes susceptibles de percevoir au delà des sensations brutales; alors naîtront certains rapports, qui agissent sur notre conscience et nous mettent dans un état de jouissance (consonance avec les lois de l'univers qui nous gèrent et auxquelles tous nos actes s'assujettissent), où l'homme use pleinement de ses dons de souvenir, d'examen, de raisonnement, de création.

L'architecture, aujourd'hui, ne se souvient plus de ce qui la commence.

Les architectes font des styles ou discutent surabondamment de structure; le client, le public ressent en vertu d'habitudes visuelles et raisonne sur les bases d'une éducation insuffisante. Notre monde extérieur s'est formidablement transformé dans son aspect et dans son utilisation par suite de la machine. Nous avons une optique nouvelle et une vie sociale nouvelle, mais nous n'y avons pas adapté la maison.

Il y a donc lieu de poser le problème de la maison, de la rue et de la ville et de confronter l'architecte et l'ingénieur.

Pour l'*architecte*, nous avons écrit les « TROIS RAPPELS » :

Le VOLUME qui est l'élément par quoi nos sens perçoivent et mesurent et sont pleinement affectés.

La SURFACE qui est l'enveloppe du volume et qui peut en anéantir la sensation ou l'amplifier.

Le PLAN qui est le générateur du volume et de la surface et qui est ce par quoi tout est déterminé irrévocablement.

Puis, pour l'architecte encore, les « TRACÉS RÉGULATEURS », montrant ainsi l'un des moyens par lesquels l'architecture atteint à cette mathématique sensible qui nous donne la perception bienfaisante de l'ordre. Nous avons voulu exposer là des faits qui valent mieux que des dissertations sur l'âme des pierres. Nous sommes restés dans la physique de l'œuvre, dans la *connaissance*.

Nous avons pensé à l'habitant de la maison et à la foule de la ville. Nous savons bien qu'une grande part du malheur actuel de l'architecture est due au *client*, à celui qui commande, choisit, corrige et paye. Pour lui, nous avons écrit : « DES YEUX QUI NE VOIENT PAS ».

Nous connaissons trop de grands industriels, de banquiers et de commerçants qui nous disent : « Pardonnez-moi, je ne suis qu'un homme d'affaires, je vis totalement en dehors des arts, je suis un philistin. » Nous nous sommes récriés et leur avons dit : « Toutes vos énergies sont tendues vers ce magnifique but qui est de forger les outils d'une époque et qui crée sur le monde entier cette foule de choses très belles dans lesquells règnent la loi d'Économie, le calcul joint à la hardiesse et à l'imagination. Voyez ce que vous faites; c'est, à proprement parler, beau. »

Ces mêmes industriels, banquiers ou commerçants, nous les avons vus loin de leurs affaires, chez eux, où tout semblait contrecarrer leur être, — les murs trop étroits, les encombrements d'objets inutiles et disparates et un esprit nauséabond qui régnait sur tant de faussetés en Aubusson, Salon d'Automne, styles de toutes sortes et brimborions ridicules. Ils semblaient penauds, ratatinés comme des tigres en cage; on sentait bien qu'ils étaient plus heureux à l'usine ou dans leur banque. Nous avons réclamé, au nom du paquebot, de l'avion et de l'auto, la santé, la logique, la hardiesse, l'harmonie, la perfection.

On nous comprend. Ce sont des vérités de la Palisse. Il n'est pas futile de hâter le nettoyage.

Il nous sera enfin agréable de parler ARCHITECTURE après tant de silos, d'usines, de machines et de gratte-ciel. L'ARCHITECTURE est un fait d'art, un phénomène d'émotion, en dehors des questions de construction, au delà. La Construction, C'EST POUR FAIRE TENIR; l'Architecture, C'EST POUR ÉMOUVOIR. L'émotion architecturale, c'est quand l'œuvre sonne en vous au diapason d'un univers dont nous subissons, reconnaissons et admirons les lois. Quand certains rapports sont atteints, nous sommes appréhendés par l'œuvre. Architecture, c'est « rapports », c'est « pure création de l'esprit ».

Aujourd'hui, la peinture a précédé les autres arts.

La première, elle a atteint une unité de diapason avec l'époque (1). La peinture moderne a quitté le mur, la tapisserie ou l'urne décorative et elle se renferme dans un cadre, nourrie, rem-

(1) Nous voulons parler de l'évolution capitale amenée par le cubisme et les recherches subséquentes et non de la lamentable déchéance qui a saisi depuis deux ans des peintres affolés par la mévente et catéchisés par des critiques aussi peu instruits qu'insensibles (1921).

plie de faits, éloignée de la figuration qui distrait; elle se prête à la méditation. L'art ne raconte plus des histoires, il fait méditer; après le labeur, il est bon de méditer.

D'une part, une foule attend un logis honnête, et cette question est de la plus brûlante actualité.

D'autre part, l'homme d'initiative, d'action, de pensée, le CONDUCTEUR, demande à abriter sa méditation dans un espace serein et ferme, problème indispensable à la santé des élites.

Messieurs les peintres et les sculpteurs, champions de l'art d'aujourd'hui, qui avez à supporter tant de railleries et qui souffrez de trop d'indifférence, nettoyez les maisons, joignez vos efforts pour que l'on reconstruise les villes. Vos œuvres viendront alors se placer dans le cadre de l'époque et partout vous serez admis et compris. Dites-vous bien que l'architecture a besoin de votre attention. Prenez garde au problème de l'architecture.

PISE.

Silo à grain.

TROIS RAPPELS
A MESSIEURS LES ARCHITECTES

I

LE VOLUME

Nos yeux sont faits pour voir les formes sous la lumière.

Les formes primaires sont les belles formes parce qu'elles se lisent clairement.

Les architectes d'aujourd'hui ne réalisent plus les formes simples.

Opérant par le calcul, les ingénieurs usent des formes géométriques, satisfaisant nos yeux par la géométrie et notre esprit par la mathématique ; leurs œuvres sont sur le chemin du grand art.

Nos yeux sont faits pour voir les formes sous la lumière.

Les formes primaires sont les belles formes parce qu'elles se lisent clairement.

Les architectes d'aujourd'hui ne réalisent plus les formes simples.

Opérant par le calcul, les ingénieurs usent des formes géométriques, satisfaisant nos yeux par la géométrie et notre esprit par la mathématique ; leurs œuvres sont sur le chemin du grand art.

Silo à blé.

L'architecture n'a rien à voir avec les « styles ».

Les Louis XV, XVI, XIV ou le Gothique, sont à l'architecture ce qu'est une plume sur la tête d'une femme; c'est parfois joli, mais pas toujours et rien de plus.

L'architecture a des destinées plus graves; susceptible de sublimité, elle touche les instincts les plus brutaux par son objectivité; elle sollicite les facultés les plus élevées par son abstraction même. L'abstraction architecturale a cela de particulier et de magnifique que se racinant dans le fait brutal, elle le spiritualise, parce que le fait brutal n'est pas autre chose que la matérialisation, le symbole de l'idée possible. Le fait brutal n'est passible d'idées que par l'ordre qu'on y projette. Les émotions que suscite l'architecture émanent de conditions physiques inéluctables, irréfutables, oubliées aujourd'hui.

Le volume et la surface sont les éléments par quoi se manifeste l'architecture. Le volume et la surface sont déterminés par le plan. C'est le plan qui est le générateur. Tant pis pour ceux à qui manque l'imagination!

PREMIER RAPPEL : LE VOLUME

L'architecture est le jeu savant, correct et magnifique des volumes assemblés sous la lumière. Nos yeux sont faits pour voir les formes sous la lumière; les ombres et les clairs révèlent les formes; les cubes, les cônes, les sphères, les cylindres ou les pyramides sont les grandes formes primaires que la lumière révèle bien; l'image nous en est nette et tangible, sans ambiguïté. C'est pour cela que ce sont *de belles formes, les plus belles formes.* Tout le monde est d'accord en cela, l'enfant, le sauvage et le métaphysicien. C'est la condition même des arts plastiques.

L'architecture égyptienne, grecque ou romaine est une archi-

Silos et élévateurs à blé au Canada.

Silos et élévateurs à blé aux États-Unis.

tecture de prismes, cubes et cylindres trièdres ou sphères : les Pyramides, le Temple de Louqsor, le Parthénon, le Colisée, la Villa Adriana.

L'architecture gothique n'est pas, dans son fondement, à base de sphères, cônes et cylindres. La nef seule exprime une forme simple, mais d'une géométrie complexe de second ordre (croisées d'ogives). C'est pour cela qu'une cathédrale n'est pas très belle et que nous y cherchons des compensations d'ordre subjectif, hors de la plastique. Une cathédrale nous intéresse comme l'ingénieuse solution d'un problème difficile, mais dont les données ont été mal posées parce qu'elles ne procèdent pas des grandes formes primaires. *La cathédrale n'est pas une œuvre plastique ; c'est un drame : la lutte contre la pesanteur, sensation d'ordre sentimental.*

Les Pyramides, les Tours de Babylone, les Portes de Samarkand, le Parthénon, le Colisée, le Panthéon, le Pont du Gard, Sainte--Sophie de Constantinople, les mosquées de Stamboul, la Tour de Pise, les coupoles de Brunelleschi et de Michel-Ange, le Pont-Royal, les Invalides sont de l'architecture.

La Gare du quai d'Orsay, le Grand Palais, ne sont pas de l'architecture.

Les *architectes* de ce temps, perdus dans les « pochés » stériles de leurs plans, les rinceaux, les pilastres ou les faîtages de plomb,

n'ont pas acquis la conception des volumes primaires. On ne leur a jamais appris cela à l'École des Beaux-Arts.

*Ne poursuivant pas une idée architecturale, mais simplement guidés par les effets du calcul (dérivés des principes qui gèrent notre univers) et la conception d'*UN ORGANE VIABLE, *les* INGÉNIEURS *d'aujourd'hui font emploi des éléments primaires et, les coordonnant suivant des règles, provoquant en nous des émotions architecturales, faisant ainsi résonner l'œuvre humaine avec l'ordre universel.*

Voici des silos et des usines américaines, magnifiques PRÉMICES *du nouveau temps.* LES INGÉNIEURS AMÉRICAINS ÉCRASENT DE LEURS CALCULS L'ARCHITECTURE AGONISANTE.

BRAMANTE ET RAPHAEL

TROIS RAPPELS
A MESSIEURS LES ARCHITECTES

II

LA SURFACE

Un volume est enveloppé par une surface, une surface qui est divisée suivant les directrices et les génératrices du volume, accusant l'individualité de ce volume.

Les architectes ont aujourd'hui peur des constituantes géométriques des surfaces.

Les grands problèmes de la construction moderne seront réalisés sur la géométrie.

Assujettis aux strictes obligations d'un programme impératif, les ingénieurs emploient les génératrices et les accusatrices des formes. Ils créent des faits plastiques limpides et impressionnants.

L'architecture n'a rien à voir avec les « styles ».

Les Louis XV, XIV, XVI ou le Gothique sont à l'architecture ce qu'est une plume sur la tête d'une femme; c'est parfois joli, mais pas toujours et rien de plus.

SECOND RAPPEL : LA SURFACE

L'architecture étant le jeu savant, correct et magnifique des volumes assemblés sous la lumière, l'architecte a pour tâche de faire vivre les surfaces qui enveloppent ces volumes, sans que celles-ci, devenues des parasites, dévorent le volume et l'absorbent à leur profit : histoire triste des temps présents.

Laisser à un volume la splendeur de sa forme sous la lumière mais, d'autre part, approprier la surface à des besognes souvent utilitaires, c'est s'obliger à trouver dans la division imposée de la surface, les *accusatrices*, les *génératrices* de la forme. Autrement dit, une architecture, c'est une maison, temple ou usine. La surface du temple ou de l'usine, c'est, pour la plupart du temps, un mur

troué de portes et de fenêtres; ces trous sont souvent des destructeurs de forme; il faut en faire des accusateurs de forme. Si l'essentiel de l'architecture est sphères, cônes et cylindres, les génératrices et les accusatrices de ces formes sont à base de pure géométrie. Mais cette géométrie effare les architectes d'aujourd'hui. Les archi-

tectes, aujourd'hui, n'osent pas faire le palais Pitti ni la rue de Rivoli; ils font le boulevard Raspail.

Situons les présentes observations sur le terrain des besoins actuels : nous avons besoin de villes utilement tracées et dont le volume soit beau (plans de ville). Nous avons besoin de rues où la propreté, l'appropriation aux nécessités de l'habitation, l'application de l'esprit de série dans l'organisation du chantier, la grandeur de l'intention, la sérénité de l'ensemble ravissent l'esprit et procurent le charme des choses heureusement nées.

Modeler la surface unie d'une forme primaire simple, c'est faire surgir automatiquement la concurrence même du volume : contradiction d'intention — boulevard Raspail.

Modeler la surface de volumes compliqués et mis en symphonie, c'est *moduler* et rester dans le volume : problème rare — les Invalides de Mansart.

Problème d'époque et d'esthétique contemporaine, tout conduit à la réinstauration des volumes simples : les rues, les usines, les grands magasins, tous les problèmes qui se présenteront demain sous une forme synthétique, sous des vues d'ensemble qu'aucune autre époque ne connut jamais. La surface, trouée par des nécessités de destination, doit emprunter les génératrices accusatrices de ces formes simples. Ces accusatrices sont pratiquement le damier ou grille — usines américaines. Mais cette géométrie fait peur!

Ne poursuivant pas une idée architecturale, mais simplement guidés par les nécessités d'un programme impératif, les ingénieurs d'aujourd'hui aboutissent aux génératrices accusatrices des volumes; ils montrent la voie et créent des faits plastiques, clairs et limpides, donnant aux yeux le calme, et à l'esprit les joies de la géométrie.

Telles sont les usines, prémices rassurantes du nouveau temps.

Les ingénieurs d'aujourd'hui se trouvent être en accord avec les principes que Bramante et Raphaël avaient appliqués il y a longtemps déjà.

N. B. — Écoutons les conseils des ingénieurs américains. Mais craignons les *architectes* américains. Preuve :

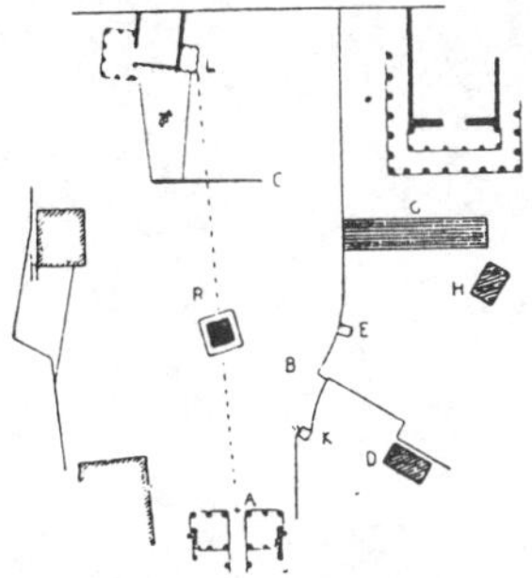

TROIS RAPPELS

A MESSIEURS LES ARCHITECTES

III

LE PLAN

ACROPOLE D'ATHÈNES. Coup d'œil sur le Parthénon, l'Erechtéion, l'Athéna-Parthénos depuis les Proplyées. Il ne faut pas oublier que le sol de l'Acropole est très mouvementé, avec des différences de niveaux considérables qui ont été employées pour constituer des socles imposants aux édifices. Les fausses équerres ont fourni des vues riches et d'un effet subtil; les masses asymétriques des édifices créent un rythme intense. Le spectacle est massif, élastique, nerveux, écrasant d'acuité, dominateur.

Le plan est le générateur.

Sans plan, il y a désordre, arbitraire.

Le plan porte en lui l'essence de la sensation.

Les grands problèmes de demain, dictés par des nécessités collectives, posent à nouveau la question du plan.

La vie moderne demande, attend un plan nouveau pour la maison et pour la ville.

L'architecture n'a rien à voir avec les « styles ».

Elle sollicite les facultés les plus élevées par son abstraction même. L'abstraction architecturale a cela de particulier et de magnifique que, se racinant dans le fait brutal, elle le spiritualise. Le fait brutal n'est passible d'idée que par l'ordre qu'on y projette.

Le volume et la surface sont les éléments par quoi se manifeste l'architecture. Le volume et la surface sont déterminés par le plan. C'est le plan qui est le générateur. Tant pis pour ceux à qui manque l'imagination!

TROISIÈME RAPPEL : LE PLAN

Le plan est le générateur.

L'œil du spectateur se meut dans un site fait de rues et de maisons. Il reçoit le choc des volumes qui se dressent à l'entour. Si ces volumes sont formels et non dégradés par des altérations

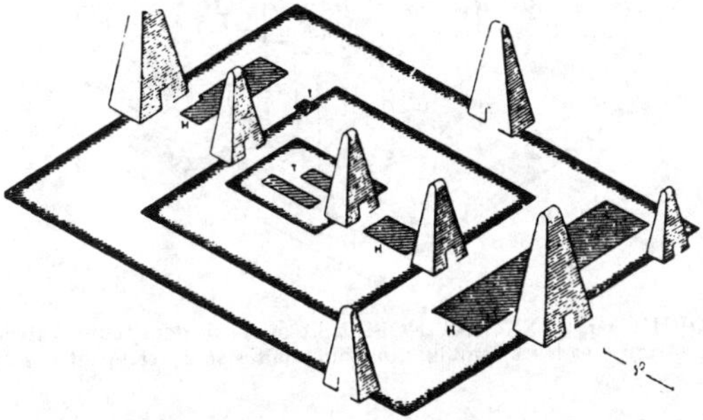

TYPE DU TEMPLE HINDOU. **Les tours font une cadence dans l'espace.**

intempestives, si l'ordonnance qui les groupe exprime un rythme clair, et non pas une agglomération incohérente, si les rapports des volumes et de l'espace sont faits de proportions justes, l'œil transmet au cerveau des sensations coordonnées et l'esprit en dégage des satisfactions d'un ordre élevé : c'est l'architecture.

L'œil observe, dans la salle, les surfaces multiples des murs et des voûtes; les coupoles déterminent des espaces; les voûtes déploient des surfaces; les piliers, les murs s'ajustent suivant des raisons compréhensibles. Toute la structure s'élève de la base et se développe suivant une règle qui est écrite sur le sol dans le plan : formes belles, variété de formes, unité du principe géométrique. Transmission profonde d'harmonie : c'est l'architecture.

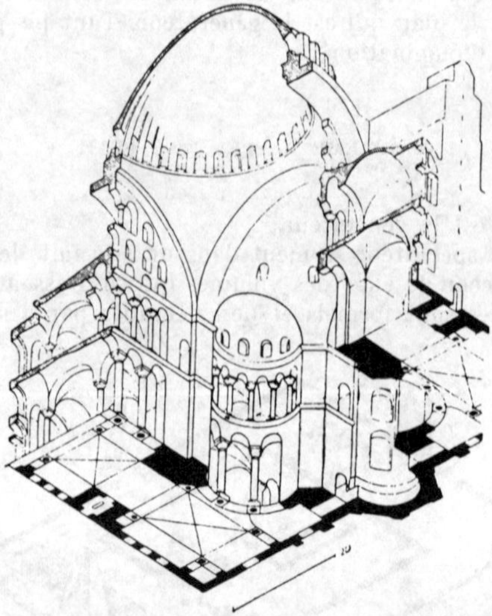

SAINTE-SOPHIE DE CONSTANTINOPLE. Le plan agit dans toute la structure : ses lois géométriques et leurs combinaisons modulaires se développent dans toutes les parties.

Le plan est à la base. Sans plan, il n'y a ni grandeur d'intention et d'expression, ni rythme, ni volume, ni cohérence. Sans plan il y a cette sensation insupportable à l'homme, d'informe, d'indigence, de désordre, d'arbitraire.

Le plan nécessite la plus active imagination. Il nécessite aussi la plus sévère discipline. Le plan est la détermination du tout; il est le moment décisif. Un plan n'est pas joli à dessiner comme le visage d'une madone; c'est une austère abstraction; ce n'est

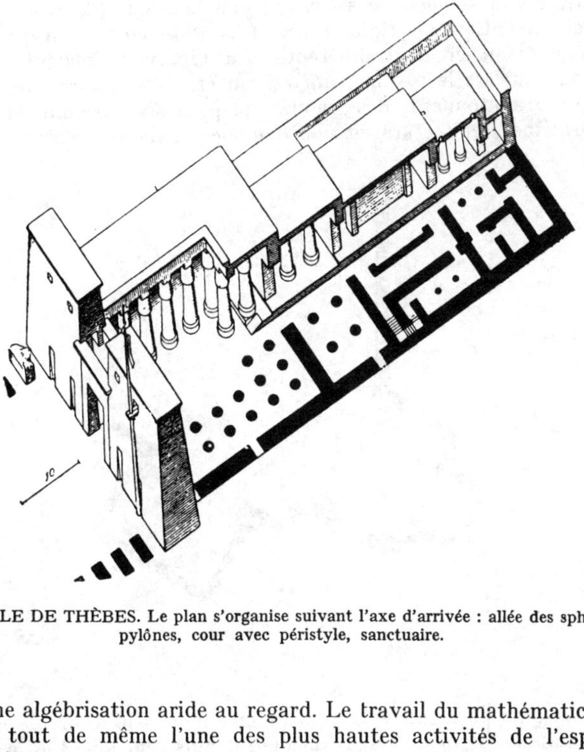

TEMPLE DE THÈBES. Le plan s'organise suivant l'axe d'arrivée : allée des sphinx, pylônes, cour avec péristyle, sanctuaire.

qu'une algébrisation aride au regard. Le travail du mathématicien reste tout de même l'une des plus hautes activités de l'esprit humain.

L'ordonnance, c'est un rythme saisissable qui réagit sur tout être humain, de même manière.

Le plan porte en lui-même un rythme primaire déterminé : l'œuvre se développe en étendue et en hauteur suivant ses prescriptions avec des conséquences s'étendant du plus simple au plus complexe sur la même loi. L'unité de la loi est la loi du bon plan : loi simple infiniment modulable.

Le rythme est un état d'équilibre procédant de symétries simples ou complexes ou procédant de compensations savantes. Le rythme est une équation : égalisation (symétrie, répétition) *(Temples égyptiens, hindous)* ; compensation (mouvement des contraires *(Acropole d'Athènes)*; modulation (développement d'une invention plastique initiale) *(Sainte-Sophie)*. Autant de réactions foncièrement différentes sur l'individu, malgré l'unité de but qui est le rythme, qui est un état d'équilibre. De là, la diversité si étonnante des grandes époques, diversité qui est dans le principe architectural et non dans des modalités ornementales.

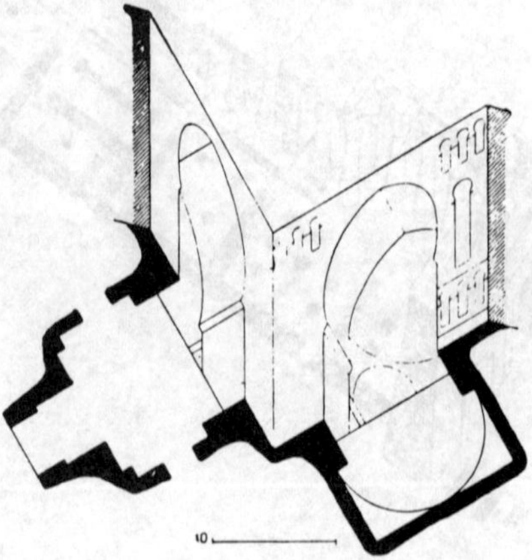

PALAIS D'AMMAN (Syrie).

Le plan porte en lui l'essence même de la sensation.

Mais on a perdu le sens du plan depuis cent ans. Les grands problèmes de demain dictés par des nécessités collectives, établis sur des statistiques et réalisés par le calcul, posent à nouveau la question du plan. Lorsqu'on aura compris l'indispensable grandeur de vue qu'il faut apporter au tracé des villes, on entrera dans une période que nulle époque n'a encore connue. Les villes devront être conçues et tracées dans leur étendue comme furent tracés les temples de l'Orient et comme furent ordonnés les Invalides ou le Versailles de Louis XIV.

La technicité de cette époque — technique de la finance et technique de la construction — est prête à réaliser cette tâche.

Tony Garnier, épaulé par Herriot à Lyon, a tracé la « Cité industrielle ». C'est une tentative de mise en ordre et une conju-

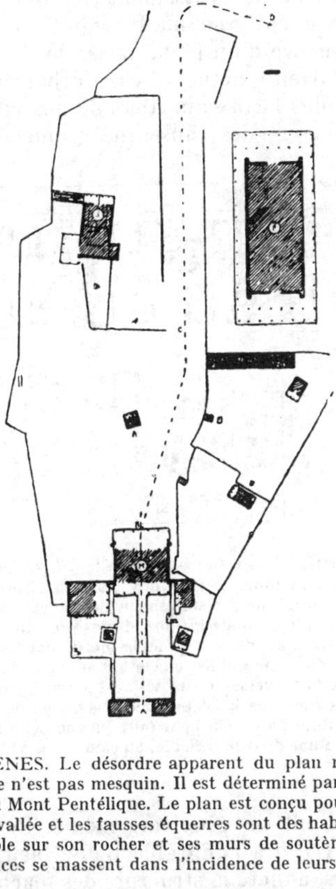

ACROPOLE D'ATHÈNES. Le désordre apparent du plan ne peut tromper que le profane. L'équilibre n'est pas mesquin. Il est déterminé par le paysage fameux qui s'étend du Pirée au Mont Pentélique. Le plan est conçu pour une vision lointaine : les axes suivent la vallée et les fausses équerres sont des habiletés du grand metteur en scène. L'Acropole sur son rocher et ses murs de soutènement est vue de loin, d'un bloc. Ses édifices se massent dans l'incidence de leurs plans multiples.

gaison des solutions utilitaires et des solutions plastiques. Une règle unitaire distribue dans tous les quartiers de la ville le même choix de volumes essentiels et fixe les espaces suivant des nécessités d'ordre pratique et les injonctions d'un sens poétique propre à l'architecte. Réservant tout jugement sur la coordination des zones de cette cité industrielle, l'on subit les conséquences bienfaisantes de l'ordre. Où l'ordre règne, naît le bien-être. Par la création heureuse d'un système de lotissement, les quartiers d'habitation même ouvrière prennent une haute signification architecturale. Telle est la conséquence d'un plan.

Dans l'état d'attente actuelle (car l'urbanisme moderne n'est pas encore né) les plus beaux quartiers de nos villes devraient être les quartiers d'usines où les causes de grandeur, de style, — la

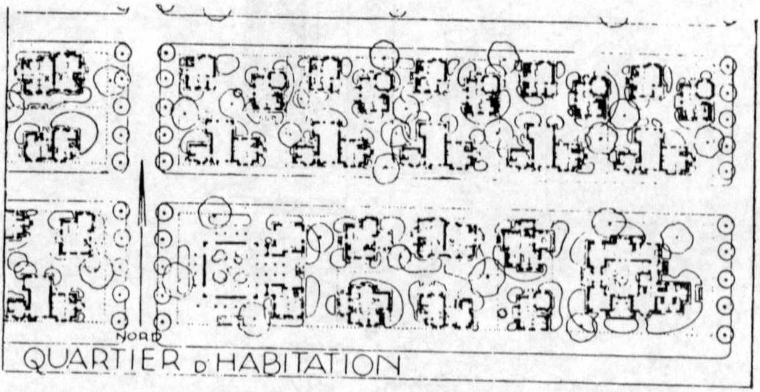

TONY GARNIER. Quartier d'habitation extrait de la *Cité Industrielle*. Dans son étude considérable sur une Cité Industrielle, Tony Garnier a supposé déjà réalisés certains progrès d'ordre social, d'où résulteraient des moyens d'*extension normale* des villes : la société aurait désormais la libre disposition du sol. Une maison pour chaque famille; le terrain est couvert pour la moitié par les constructions, l'autre moitié appartient au domaine public, et elle est plantée d'arbres; il n'y a pas de clôtures. Dorénavant la traversée de la ville est permise dans n'importe quel sens, indépendamment des rues que le piéton n'a plus besoin de suivre. Et le sol de la ville est comme un grand parc. (On peut faire un reproche à Garnier. C'est celui d'avoir ces quartiers d'une densité si faible, au cœur de la ville.)

géométrie, — résultent du problème même. Le plan a manqué, manque jusqu'ici. L'ordre admirable règne bien à l'intérieur des halles et des ateliers, a dicté la structure des machines et gère leurs mouvements, conditionne chaque geste des équipes; mais la saleté infecte les alentours et l'incohérence sévissait lorsque le cordeau et l'équerre fixèrent l'implantation des bâtiments, rendant leur extension caduque, coûteuse et périlleuse.

Il aurait suffi d'un plan. Un plan suffira. Les excès du mal y conduiront.

Un jour Auguste Perret créa ce mot : les « Villes-Tours ». Épithète étincelante qui en nous secoua le poète. Mot qui sonnait à l'heure parce que le fait est imminent! A notre insu, la « grande

TONY GARNIER. Passages entre les diverses maisons d'un quartier d'habitation.

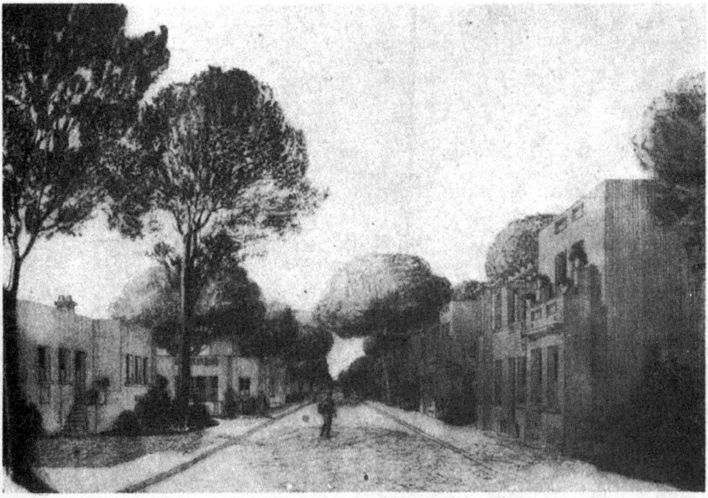

TONY GARNIER. Rue d'un quartier d'habitation.

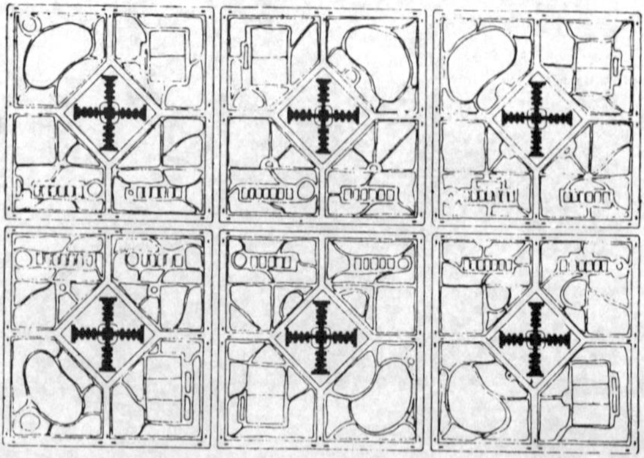

L. C. 1920. LES VILLES-TOURS. Proposition de Lotissement: Soixante étages hauteur, 220 m.; distance entre les tours, 250 à 300 m. (équivaut à la largeur du Jardin des Tuileries). Largeur des tours, 150 à 200 m. Malgré la grande superficie des parcs, la densité normale des villes est augmentée de 5 à 10 fois. Il semble que de telles constructions doivent être consacrées exclusivement aux affaires (bureaux) et par conséquent élevées au centre des grandes villes dont elles décongestionneraient les artères; la vie de famille s'adapterait mal au mécanisme prodigieux des ascenseurs. Les chiffres sont effarants et sans pitié, magnifiques : en accordant à chaque employé une superficie de 10 m², un gratte-ciel de 200 m. de large abriterait 40. 000 personnes. Hausmann, au lieu de faire des saignées étroites dans Paris, eût démoli des quartiers entiers et les eût ramassés en hauteur; puis il eût planté des parcs plus beaux que ceux du Grand Roy.

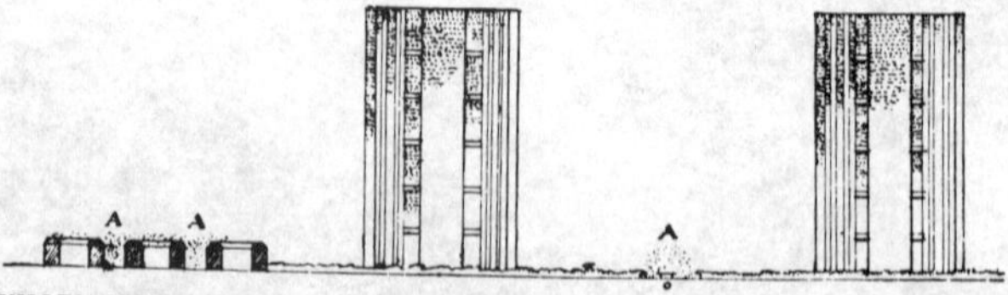

LES VILLES-TOURS. Cette coupe montre d'un côté la poussière, les puanteurs et le bruit étouffant les villes actuelles. Les tours, d'autre part, sont éloignées, dans l'air salubre, parmi la verdure. Toute la ville est couverte de verdure.

ville » incube un plan. Ce plan peut être gigantesque puisque la grande ville est une marée montante. Il est temps de répudier le

L. C. 1920. LES VILLES-TOURS. Les tours sont au milieu des jardins et des terrains, de sports, tennis, football. Les grandes artères, avec leur autodrome surélevé, distribuent la circulation lente, rapide, extra-rapide.

tracé actuel de nos villes par lequel s'accumulent les immeubles tassés, s'enlacent les rues étroites pleines de bruit, de puanteur de benzine et de poussière et où les étages ouvrent à pleins poumons leurs fenêtres sur ces saletés. Les grandes villes sont devenues trop denses pour la sécurité des habitants et pourtant elles ne sont pas assez denses pour répondre au fait neuf des « affaires ».

Partant de l'événement constructif capital qu'est le gratte-ciel américain, il suffirait de rassembler en quelques points rares cette forte densité de population et d'élever là, sur 60 étages, des constructions immenses. Le ciment armé et l'acier permettent ces hardiesses et se prêtent surtout à un certain développement des façades grâce auquel toutes les fenêtres donneront en plein ciel; ainsi, désormais, les cours seront supprimées. A partir du quatorzième étage, c'est le calme absolu, c'est l'air pur.

Dans ces tours qui abriteront le travail jusqu'ici étouffé dans des quartiers compacts et dans des rues congestionnées, tous les services, selon l'heureuse expérience américaine, se trouveront rassemblés, apportant l'efficacité, l'économie de temps et d'efforts et par là un calme indispensable. Ces tours, dressées à grande distance les unes des autres, donnent en hauteur ce que jusqu'ici on étalait en surface; elles laissent de vastes espaces qui rejettent loin d'elles les rues axiales pleines de bruit et d'une circulation plus rapide. Au pied des tours se déroulent des parcs; la verdure s'étend sur toute la ville. Les tours s'alignent en avenues imposantes; c'est vraiment de l'architecture digne de ce temps.

Auguste Perret a énoncé le principe de la Ville-Tour; il ne l'a pas dessinée (1). Par contre il s'est fait interviewer par un reporter de l'*Intransigeant* et s'est laissé emporter à distendre sa conception au delà des limites raisonnables. Il a jeté ainsi sur une idée saine un voile de futurisme dangereux. Le reporter a noté que des ponts immenses relient chaque tour l'une à l'autre; pour quoi faire? puisque les artères de circulation se trouvent bien loin des maisons et que la population qui se complairait dans les parcs, sous les plantations en quinconces, parmi les gazons et les places de jeu, n'aurait aucun souci de se promener sur des passerelles vertigineuses pour n'y rien faire du tout. Le reporter a voulu également que cette ville fût fondée sur d'innombrables pilotis de ciment armé portant à 20 mètres de hauteur (six étages, s. v. p.) le sol des rues et reliant les tours les unes aux autres. Ces pilotis eussent laissé sous la ville un espace immense dans lequel se seraient placés plus qu'à l'aise les conduites d'eau, de gaz et les égouts, viscères de la ville. Le plan n'avait pas été tracé et l'idée ne se portait plus sans plan.

Cette conception des pilotis, je l'avais exposée il y a longtemps à Auguste Perret et c'était une conception d'un ordre beaucoup moins magnifique; mais elle pouvait répondre à un besoin véritable. Elle s'appliquait à la ville courante, telle que le Paris d'aujourd'hui. Au lieu de fonder en excavant et en construisant d'épais murs de fondations, au lieu de creuser et de recreuser éternellement les chaussées pour y établir (travail de Sisyphe) les conduites d'eau et de gaz, les égouts et les métros, et les réparer sans fin, on eût décidé que les nouveaux quartiers seraient construits à même le sol avec des fondations remplacées par un nombre logique de poteaux de béton; ceux-ci eussent porté les rez-de-chaussée des immeubles et, en encorbellement, les dalles des trottoirs et des chaussées.

Sous cet espace gagné, d'une hauteur de 4 à 6 mètres, auraient circulé les camions lourds, les métros remplaçant les tramways

(1) En traçant ces croquis en 1920, j'avais pensé transcrire les idées d'Auguste Perret. Mais la publication de ses propres dessins dans l'*Illustration* d'août 1922 révéla une conception différente.

encombrants, etc., desservant directement les sous-sols des immeubles. Un réseau entier de circulation, indépendant de celui des rues destinées aux piétons et aux voitures rapides, eût été gagné, ayant sa géographie propre, indépendante de l'encombrement des maisons : forêt de piliers ordonnée par où la ville eût fait l'échange de ses marchandises, son ravitaillement, toutes les be-

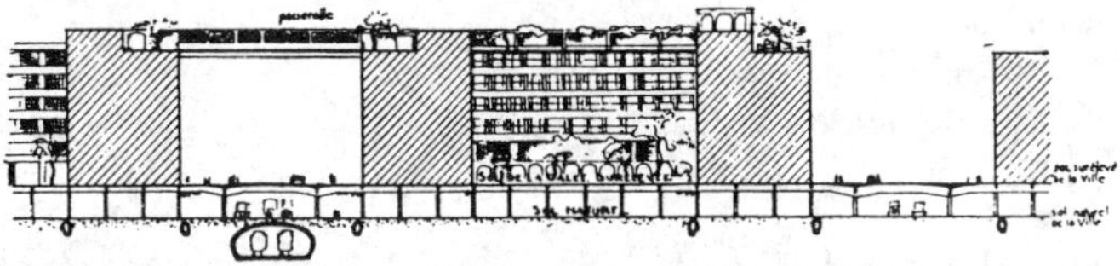

L. C. 1915. LES VILLES-PILOTIS. Le sol de la ville est surélevé de 4 à 5 mètres sur les pilotis qui servent de fondation aux maisons. Le sol de la ville est en quelque sorte un radier, les rues et leurs trottoirs sont des sortes de ponts. Sous ce radier, accessibles directement, tous les organes jusqu'ici enfouis dans le sol et inaccessibles, eau, gaz, électricité, téléphone, pneumatiques, égouts, chauffage par quartiers, etc. (1).

sognes lentes et massives qui aujourd'hui embouteillent la circulation.

Les cafés, les lieux de repos, etc., n'étaient plus cette moisissure qui ronge les trottoirs : ils étaient reportés sur les terrasses des toits ainsi que le commerce de luxe (car n'est-il vraiment pas illogique qu'une entière superficie de ville soit inemployée et réservée au tête-à-tête des ardoises et des étoiles?). Des passerelles courtes par-dessus les rues normales établissaient la circulation de ces nouveaux quartiers récupérés consacrés au repos parmi les plantations de fleurs et de verdure.

Cette conception ne faisait rien moins que tripler la surface circulable de la ville; elle était réalisable, *correspondait à un besoin, coûtait moins cher, était plus saine que les errements actuels.* Elle était saine dans le vieux cadre de nos villes, comme sera saine la conception des villes-tours dans les villes de demain.

Voici encore un tracé de rues entraînant un renouvellement

(1) *Intransigeant*, 25 novembre 1924 : Le boulevard Haussmann prolongé. Et il n'y a pas que le métro et la double haie de pesants immeubles, il y a ces galeries à la mode anglaise qu'on va creuser sous chaque trottoir pour y loger les canalisations de toutes sortes. Elles seront assez larges et hautes pour que les employés de l'électricité, de l'air comprimé, des P. T. T., etc., y circulent à l'aise, et celles qui gaineront les tuyaux du gaz d'éclairage seront couvertes de dalles amovibles, de sorte que la moindre panne, fuite ou rupture du réseau vasculaire ou nerveux de ce quartier privilégié n'entraînera pas nécessairement ces laparotomies gigantesques à l'occasion desquelles la moitié d'une chaussée est encombrée pendant huit jours par les entrailles de son trottoir. J. L.

L. C. 1920. LES RUES A REDENTS. De vastes espaces aérés et ensoleillés sur lesquels ouvrent les appartements. Des jardins et places de jeu au pied des maisons. Des façades lisses avec des baies immenses. Le jeu des ombres est fait par les ressauts successifs du plan. La richesse est fournie par l'ampleur des tracés et par le jeu des végétations sur le canevas géométrique des façades. Il va de soi qu'il s'agit ici, comme pour les villes-tours, d'entreprises à larges bases financières comportant la construction de quartiers entiers. Déjà des consortiums semblables à petite échelle ont existé avant la guerre. Un architecte unique tracera toute une rue : unité, grandeur, dignité, économie.

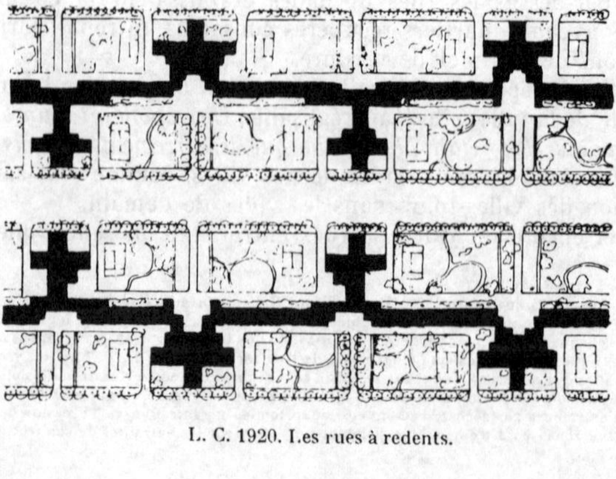

L. C. 1920. Les rues à redents.

complet des modes de lotissement et allant au-devant d'une réforme radicale de la maison à loyers; cette réforme imminente motivée par la transformation de l'exploitation domestique réclame des plans neufs de logements, et une organisation entièrement nouvelle des services répondant à la vie dans la grande ville. Ici aussi le plan est le générateur; sans lui règnent l'indigence, le désordre, l'arbitraire (1).

Au lieu de tracer les villes en massifs quadrangulaires avec l'étroite rigole des rues cantonnées par les sept étages d'immeubles à pic sur la chaussée et encerclant des cours malsaines, sentines sans air et sans soleil, on tracerait, en occupant les mêmes superficies, et avec la même densité de population, des massifs de maisons à redents successifs serpentant le long d'avenues axiales. Plus de cours, mais des appartements ouvrant sur toutes les faces à l'air et à la lumière, et donnant, non pas sur les arbres malingres des boulevards actuels, mais sur des pelouses, des terrains de jeu et des plantations abondantes.

Les proues de ces massifs ponctueraient régulièrement les longues avenues. Les redents provoqueraient le jeu des ombres favorables à l'expression architecturale.

La construction de béton armé a déterminé une révolution dans l'esthétique de la construction. Par la suppression du toit et son remplacement par les terrasses, le ciment armé conduit à une nouvelle esthétique du plan jusqu'ici inconnue. Les redents et retraits sont possibles et amènent dorénavant le jeu des pénombres et de l'ombre portée soutenante, non plus de haut en bas, mais latéralement de gauche à droite.

C'est une modification capitale dans l'esthétique du plan; on ne l'a pas encore senti; il serait utile d'y songer maintenant dans les projets d'extension des villes (2).

* * *

Nous sommes dans une période de construction et de réadaptation à de nouvelles conditions sociales et économiques. Nous passons un cap et les horizons nouveaux ne retrouveront la grande

(1) Voir plus loin : « Maisons en série ».

(2) Cette question sera étudiée dans le livre en préparation : *Urbanisme*. (Paru en 1925.)

ligne des traditions que par une revision complète des moyens en cours, que par la détermination de nouvelles bases constructives établies sur la logique.

En architecture, les bases constructives anciennes sont mortes. On ne retrouvera les vérités de l'architecture que quand des bases nouvelles auront constitué le support logique de toute manifestation architecturale. Vingt années s'annoncent qui seront occupées à créer ces bases. Période de grands problèmes, période d'analyse, d'expérimentation, période aussi de grands bouleversements esthétiques, période d'élaboration d'une nouvelle esthétique.

C'est le *plan* qu'il faut étudier, clé de cette évolution.

L. C. et Pierre JEANNERET. Jardin sur le toit-terrasse d'un hôtel particulier à Auteuil.

*Les illustrations n^os^* 1, 2, 3, 4, 5, 6, de ce chapitre, d'après Choisy, *Histoire de l'Architecture*, Baranger, édit. Les n°s 7, 8, 9 sont extraits de : *La Cité industrielle* de Tony Garnier, Vincent, édit.

Porte Saint-Denis (Blondel).

LES TRACÉS RÉGULATEURS

De la naissance fatale de l'architecture.

L'obligation de l'ordre. Le tracé régulateur est une assurance contre l'arbitraire. Il procure la satisfaction de l'esprit.

Le tracé régulateur est un moyen ; il n'est pas une recette. Son choix et ses modalités d'expression font partie intégrante de la création architecturale.

L'homme primitif a arrêté son chariot, il décide qu'ici sera son sol. Il choisit une clairière, il abat les arbres trop proches, il aplanit le terrain alentour; il ouvre le chemin qui le reliera à la rivière ou à ceux de sa tribu qu'il vient de quitter; il fonce les piquets qui retiendront sa tente. Il entoure celle-ci d'une palissade dans laquelle il ménage une porte. Le chemin est aussi rectiligne que le lui permettent ses outils, ses bras et son temps. Les piquets de sa tente décrivent un carré, un hexagone ou un octogone. La palissade forme un rectangle dont les quatre angles sont égaux, sont droits. La porte de la hutte ouvre dans l'axe de l'enclos et la porte de l'enclos fait face à la porte de la hutte.

Les hommes de la tribu ont décidé d'abriter leur dieu. Ils le disposent en un endroit d'un espace proprement aménagé; ils le mettent à l'abri sous une hutte solide et ils foncent les piquets de la hutte, en carré, en hexagone, en octogone. Ils protègent la hutte par une palissade solide et foncent les piquets où viendront se haubanner les cordes des hauts poteaux de la clôture. Ils déterminent l'espace qui sera réservé aux prêtres et installent l'autel et les vases du sacrifice. Ils ouvrent un portail dans la palissade et le mettent dans l'axe de la porte du sanctuaire.

Voyez, dans le livre de l'archéologue, le graphique de cette hutte, le graphique de ce sanctuaire : c'est le plan d'une maison, c'est le plan d'un temple. C'est le même esprit qu'on retrouve dans la maison de Pompéi. C'est l'esprit même du temple de Louqsor.

Il n'y a pas d'homme primitif; il y a des moyens primitifs. L'idée est constante, en puissance dès le début.

Remarquez sur ces plans, qu'une mathématique primaire les régit. Il y a des mesures. Pour construire bien, pour bien répartir les efforts, pour la solidité et l'utilité de l'ouvrage, des *mesures* conditionnent le tout. Le constructeur a pris pour mesure ce qui lui était le plus facile, le plus constant, l'outil qu'il pouvait perdre le moins : son pas, son pied, son coude, son doigt.

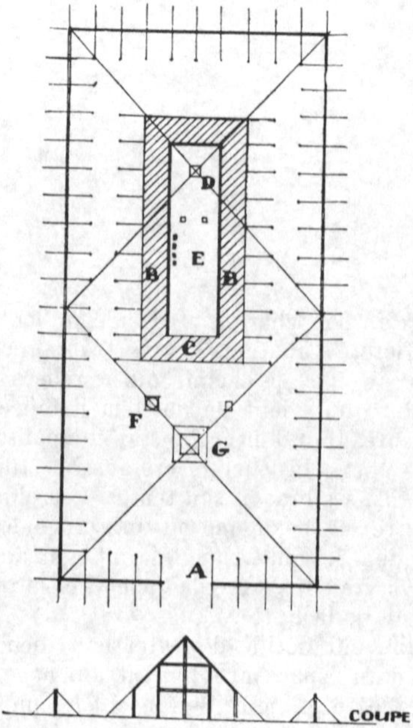

TEMPLE PRIMITIF

A, entrée;
B, portique;
C, péristyle;
D, sanctuaire;
E, instruments du culte;
F, vase de libations;
G, autel.

Pour construire bien et pour répartir ses efforts, pour la solidité et l'utilité de l'ouvrage, il a pris des mesures, il a admis un module, *il a réglé son travail*, il a apporté l'ordre. Car, autour de lui, la forêt est en désordre avec ses lianes, ses ronces, ses troncs qui le gênent et paralysent ses efforts.

Il a mis de l'ordre en mesurant. Pour mesurer il a pris son pas, son pied, son coude ou son doigt. En imposant l'ordre de son pied ou de son bras, il a créé un module qui règle tout l'ouvrage; et cet ouvrage est à son échelle, à sa convenance, à ses aises, *à sa mesure*. Il est à l'*échelle* humaine. Il s'harmonise avec lui : c'est le principal.

Mais en décidant de la forme de l'enclos, de la forme de la hutte, de la situation de l'autel et de ses accessoires, il a été d'instinct aux angles droits, aux axes, au carré, au cercle. Car il ne pouvait pas créer quelque chose autrement, qui lui donnât l'impression qu'il créait. Car les axes, les cercles, les angles droits, ce sont les vérités de la géométrie et ce sont des effets que notre œil mesure et

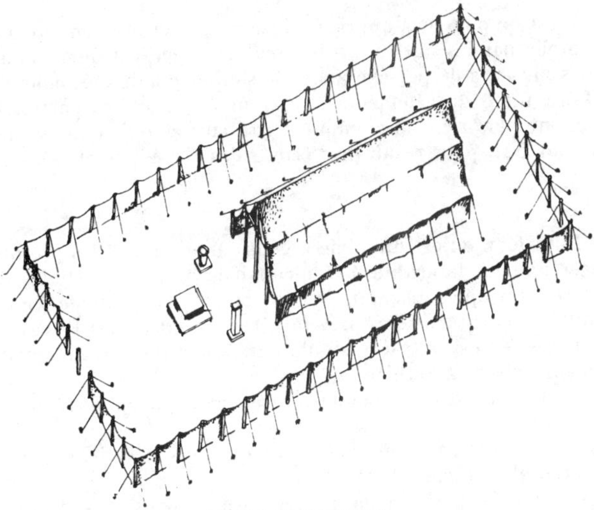

TEMPLE PRIMITIF

reconnaît; alors qu'autrement ce serait hasard, anomalie, arbitraire. La géométrie est le langage de l'homme.

Mais en déterminant les distances respectives des objets, il a inventé des rythmes, des rythmes sensibles à l'œil, clairs dans leurs rapports. Et ces rythmes sont à la naissance des agissements humains. Ils sonnent en l'homme par une fatalité organique, la même fatalité qui fait tracer la section d'or à des enfants, à des vieillards, à des sauvages, à des lettrés.

Un module mesure et unifie; un tracé régulateur construit et satisfait.

***

La plupart des architectes n'ont-ils pas oublié aujourd'hui que la grande architecture est aux origines mêmes de l'humanité et qu'elle est fonction directe des instincts humains?

Quand on voit les maisonnettes de la banlieue de Paris, les villas des dunes de Normandie, les boulevards modernes et les expositions internationales, n'a-t-on pas la certitude que les architectes sont des êtres inhumains, en dehors de l'ordre, loin de notre être et qui travaillent peut-être pour une autre planète?

C'est qu'on leur a appris un bizarre métier qui consiste à faire accomplir par les autres, — maçons, charpentiers ou menuisiers, — des miracles de persévérance, de soin et d'habileté, pour élever et faire tenir des éléments (toits, murs, fenêtres, portes, etc.) qui n'ont plus rien de commun entre eux et qui n'ont vraiment pas pour but, pour résultat, d'être utiles à quelque chose.

***

Pour lors, on est unanime à considérer comme des prosateurs dangereux, des fainéants, des incapables, des obtus et des constipés, les quelques-uns qui, ayant compris la leçon de l'homme primitif dans sa clairière, prétendent qu'il existe des tracés régulateurs : « Avec vos tracés régulateurs, vous tuerez l'imagination, vous intronisez la recette. »

— Mais toutes les époques précédentes ont employé cet outil nécessaire.

— Ce n'est pas vrai, c'est vous qui l'inventez, car vous êtes un cérébral maniaque!

— Mais le passé nous a légué des preuves, des documents iconographiques, des stèles, des dalles, des pierres gravées, des parchemins, des manuscrits, des imprimés...

***

L'architecture est la première manifestation de l'homme créant son univers, le créant à l'image de la nature, souscrivant aux lois de la nature, aux lois qui régissent notre nature, notre univers. Les lois de pesanteur, de statique, de dynamique s'imposent par la réduction à l'absurde : tenir ou s'écrouler.

Un déterminisme souverain éclaire à nos yeux les créations naturelles et nous donne la sécurité d'une chose équilibrée et raisonnablement faite, d'une chose infiniment modulée, évolutive, variée et unitaire.

Les lois physiques primordiales sont simples et peu nombreuses. Les lois morales sont simples et peu nombreuses.

***

L'homme d'aujourd'hui rabote à la perfection une planche avec une raboteuse, en quelques secondes. L'homme d'hier rabotait une planche assez bien avec un rabot. L'homme très primitif équarrissait fort mal une planche avec un silex ou un couteau. L'homme très primitif employait un module et les tracés régulateurs pour rendre sa besogne plus facile. Le Grec, l'Égyptien, Michel-Ange, ou Blondel employaient les tracés régulateurs pour la correction de leurs ouvrages et la satisfaction de leur sens artiste et de leur pensée mathématique. L'homme d'aujourd'hui n'emploie rien du tout et fait le boulevard Raspail. Mais il proclame qu'il est un poète libéré et que ses instincts suffisent; mais ceux-ci ne s'expriment qu'au moyen d'artifices acquis dans les écoles. Un lyrique déchaîné avec carcan au cou, quelqu'un qui sait des choses, mais des choses qu'il n'a ni inventées ni même contrôlées, qui a perdu au cours des enseignements reçus cette candide et capitale énergie de l'enfant questionnant inlassablement : « pourquoi? ».

***

Un tracé régulateur est une assurance contre l'arbitraire : c'est l'opération de vérification qui approuve tout travail créé dans l'ardeur, la preuve par neuf de l'écolier, le C. Q. F. D. du mathématicien.

Le tracé régulateur est une satisfaction d'ordre spirituel qui conduit à la recherche de rapports ingénieux et de rapports harmonieux. Il confère à l'œuvre l'eurythmie.

Le tracé régulateur apporte cette mathématique sensible donnant la perception bienfaisante de l'ordre. Le choix d'un tracé régulateur fixe la géométrie fondamentale de l'ouvrage; il détermine donc l'une des impressions fondamentales. Le choix d'un tracé régulateur est un des moments décisifs de l'inspiration, il est l'une des opérations capitales de l'architecture.

***

Voici des tracés régulateurs qui ont servi à faire de très belles choses et qui sont cause que ces choses sont très belles :

COPIE D'UNE DALLE DE MARBRE DU PIRÉE :

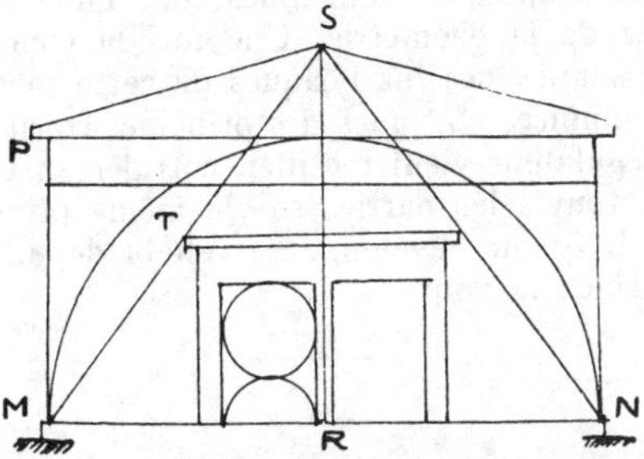

Façade de l'Arsenal du Pirée.

La façade de l'Arsenal du Pirée est déterminée par quelques divisions simples qui proportionnent la base à la hauteur, qui déterminent l'emplacement de la porte et sa dimension en rapport intime avec la proportion même de la façade.

EXTRAIT D'UN LIVRE DE DIEULAFOY :

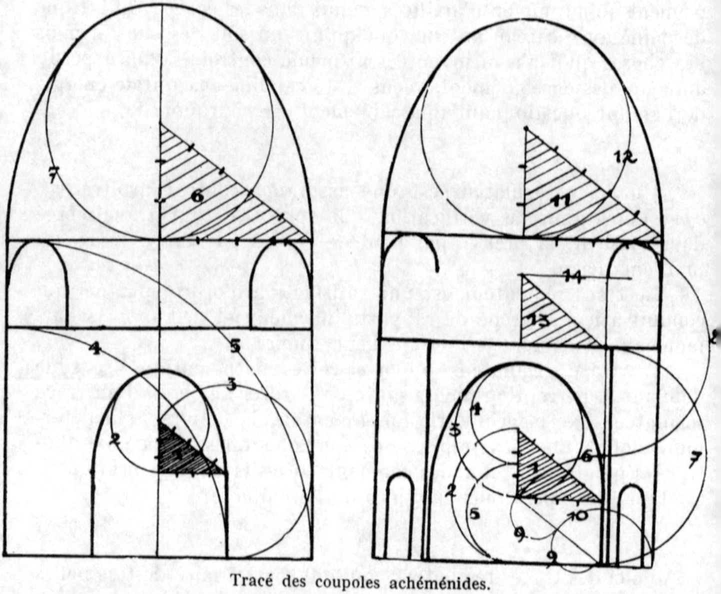

Tracé des coupoles achéménides.

Les grandes coupoles achéménides sont l'une des plus subtiles conclusions de la géométrie. Une fois la conception de la coupole établie sur les besoins lyriques de cette race et de cette époque, sur les données statiques des principes constructifs appliqués, le tracé régulateur vient rectifier, corriger, mettre au point, faire consonner toutes les parties sur le même principe unitaire du triangle 3, 4, 5 qui développe ses effets depuis le portique jusqu'au sommet de la voûte.

Notre-Dame de Paris.

MESURÉ SUR N.-D. DE PARIS :

La surface déterminante de la cathédrale est réglée sur le carré et le cercle (1).

TRACÉ SUR UNE PHOTOGRAPHIE DU CAPITOLE :

Le lieu de l'angle droit est venu préciser les intentions de Michel-Ange, faisant régner le même principe qui fixe les grandes divisions des pavillons et du corps principal, sur le détail des pavillons, l'inclinaison des escaliers, la situation des fenêtres, la hauteur du soubassement, etc.

L'œuvre conçue dans le site, et dont la masse enveloppante

(1) Prendre garde, pour Notre-Dame et pour la Porte Saint-Denis, aux modifications du niveau du sol apportées dans la suite par les édiles.

Le Capitole à Rome.

a été associée au volume et à l'espace d'alentour, se ramasse sur elle-même, se concentre, s'unifie, exprime dans tout son ensemble la même loi, devient massive.

EXTRAIT DES COMMENTAIRES MÊMES DE BLONDEL SUR SA PORTE SAINT-DENIS

(Voir en tête du chapitre) :

La masse principale est fixée, l'ouverture de la baie est esquissée. Un tracé régulateur impératif, sur le module de 3, divise l'ensemble de la porte, divise les parties de l'œuvre en hauteur et en largeur, règle tout sur l'unité du même nombre.

LE PETIT TRIANON :

Le Petit Trianon, Versailles.

Lieu de l'angle droit.

CONSTRUCTION D'UNE VILLA (1916) :

Le bloc général des façades, tant antérieure que postérieure, est réglé sur le même angle (A) qui détermine une diagonale dont de multiples parallèles et leurs perpendiculaires fourniront les mesures correctives des éléments secondaires, portes, fenêtres, panneaux, etc., jusque dans les moindres détails.

Cette villa de petites dimensions apparaît au milieu des

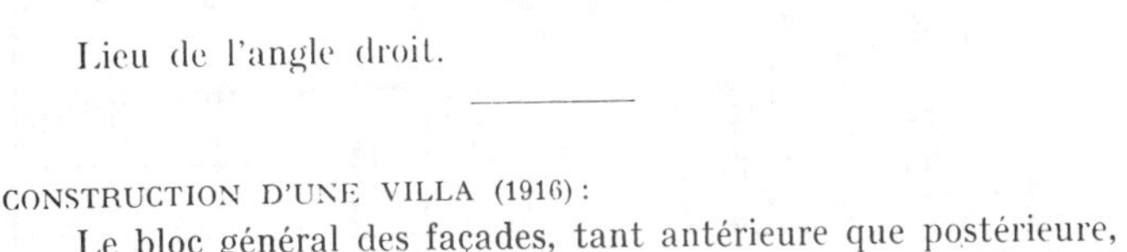

L. C. 1916. VILLA. Façade.

autres constructions édifiées sans règle, comme plus monumentale, d'un autre ordre (1).

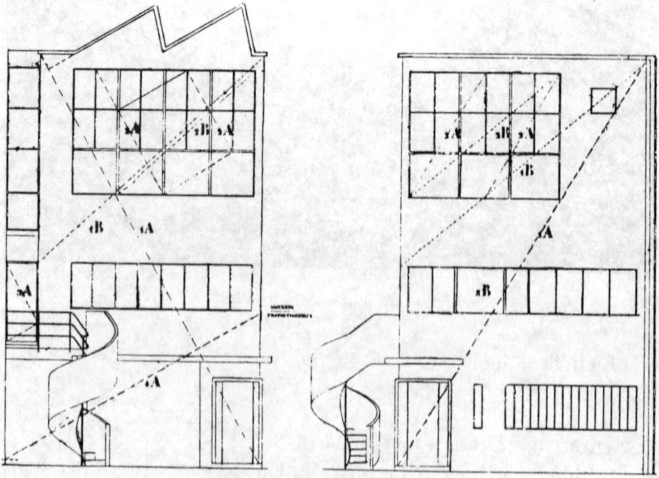

Le Corbusier et Pierre Jeanneret. 1923. Maison de M. Ozenfant.

(1) Je m'excuse de citer ici des exemples de moi : mais malgré mes investigations, je n'ai pas encore eu le plaisir de rencontrer d'architectes contemporains qui se soient occupés de cette question; je n'ai, à ce sujet, que provoqué l'étonnement, ou rencontré l'opposition et le scepticisme.

L. C. 1916. VILLA. Façade postérieure.

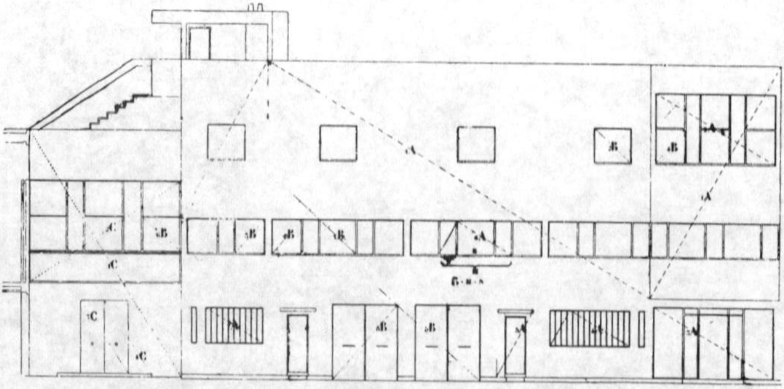

L. C. et P. J. 1924.
Deux hôtels particuliers à Auteuil.

Paquebot *Flandre*. Cie Transatlantique.

DES YEUX QUI NE VOIENT PAS...

I

LES PAQUEBOTS

Une grande époque vient de commencer.

Il existe un esprit nouveau.

Il existe une foule d'œuvres d'esprit nouveau ; elles se rencontrent surtout dans la production industrielle.

L'architecture étouffe dans les usages.

Les « styles » sont un mensonge.

Le style, c'est une unité de principe qui anime toutes les œuvres d'une époque et qui résulte d'un esprit caractérisé.

Notre époque fixe chaque jour son style.

Nos yeux, malheureusement, ne savent pas le discerner encore.

Il y a un esprit nouveau : c'est un esprit de construction et de synthèse guidé par une conception claire.

Quoi qu'on en pense, il anime aujourd'hui la plus grande partie de l'activité humaine.

UNE GRANDE ÉPOQUE VIENT DE COMMENCER

Programme de l' « Esprit Nouveau », N° 1, *octobre* 1920.

Nul ne nie aujourd'hui l'esthétique qui se dégage des créations de l'industrie moderne. De plus en plus, les constructions, les machines s'établissent avec des proportions, des jeux de volumes et de matières tels que beaucoup d'entre elles sont de véritables œuvres d'art, car elles comportent le nombre, c'est-à-dire l'ordre. Or les individus d'élite qui composent le monde de l'industrie et des affaires et qui vivent, par conséquent, dans cette atmosphère virile où se créent des œuvres indéniablement belles, se figurent être fort éloignés de toute activité esthétique. Ils ont tort, *car ils sont parmi les plus actifs créateurs de l'esthétique contemporaine.* Ni les artistes, ni les industriels ne s'en rendent compte. C'est dans la production générale que se trouve le style d'une époque et non pas, comme on le croit trop, dans quelques productions à fins ornementales, simples superfétations venant encombrer un système de l'esprit qui seul fournit les éléments d'un style. La rocaille n'est pas le style Louis XV, le lotus n'est pas le style égyptien, etc., etc.

Tract de « l'Esprit Nouveau ».

Les « *arts décoratifs* » sévissent! Après trente années de sourd travail, les voici à l'apogée. Des commentateurs enthousiastes parlent de *régénération de l'art français!* Retenons de cette aventure (qui va finir mal) qu'autre chose est né qu'une régénération du décor : une époque nouvelle remplace une époque qui meurt. Le machinisme, fait nouveau dans l'histoire humaine, a suscité un esprit nouveau. Une époque crée son architecture qui est l'image claire d'un système de penser. Pendant la bousculade de cette période de crise, précédant l'avènement d'un temps neuf aux idées débrouillées, lucides, aux volontés claires, l'art décoratif fut comme les pailles auxquelles on croit pouvoir s'accrocher sous le flot d'une tempête. Salut illusoire. Retenons de l'aventure que l'art décoratif fut l'occasion opportune de chasser le passé et de rechercher à tâtons l'esprit d'architecture. L'esprit d'architecture ne peut que résulter d'un état de choses et d'un état d'esprit. Il semble que les événements se sont succédé assez rapidement pour que s'affirme l'état d'esprit d'époque et que puisse se formuler un esprit d'ar-

M. PAUL VÉRA : cul-de-lampe (La Renaissance).

chitecture. Si les arts décoratifs sont à ce sommet périlleux qui précédera la chute, on peut dire que soulevés par eux, les esprits ont pris connaissance de ce à quoi ils aspiraient. On peut croire que l'heure de l'architecture a sonné.

Les Grecs, les Romains, le Grand Siècle, Pascal et Descartes appelés par erreur à témoigner en faveur des arts décoratifs ont éclairé notre jugement, et nous voici maintenant dans l'architecture, l'architecture qui est tout, mais qui n'est pas les arts décoratifs.

Les culs-de-lampe, les lampes et les guirlandes, les ovales exquis où des colombes triangulaires se baisent et s'entre-baisent, les boudoirs garnis de coussins en potirons de velours, d'or et de noir, ne sont plus que les témoins insupportables d'un esprit mort. Ces sanctuaires étouffés de la coco ou par ailleurs les bêtises « gnangnan » des paysanneries nous offensent.

Nous avons pris le goût de l'air libre et de la pleine lumière.

***

Des ingénieurs anonymes, des mécanos dans le cambouis et la forge, ont conçu et construit ces choses formidables que sont les paquebots. Nous autres terriens, nous manquons de moyens

Le paquebot *Aquitania*, Cunard Line, transporte 3.600 personnes.

d'appréciation, et il serait heureux que, pour nous apprendre à tirer notre chapeau devant les œuvres de la « régénération », l'occasion nous soit fournie de faire les kilomètres de marche que représente la visite d'un paquebot.

***

Les architectes vivent dans l'étroitesse des acquis scolaires, dans l'ignorance des nouvelles règles de bâtir, et leurs conceptions s'arrêtent volontiers aux colombes entre-baisées. Mais les constructeurs de paquebots, hardis et savants, réalisent des palais auprès desquels les cathédrales sont toutes petites : et ils les jettent sur l'eau!

L'architecture étouffe dans les usages.

L'emploi des murs épais qui étaient une nécessité autrefois a persisté, alors que de minces cloisons de verre ou de briques peuvent clore un rez-de-chaussée surmonté de cinquante étages.

Dans une ville comme Prague par exemple, un règlement désuet impose une épaisseur de mur de 45 centimètres au sommet de la maison et de 15 centimètres de saillie par étage en dessous, ce qui porte les constructions à des épaisseurs de murs pouvant aller jusqu'à 1 m. 50 au rez-de-chaussée. Aujourd'hui, la composition des façades avec emploi de pierre tendre en grands blocs conduit à cette conséquence paradoxale, que les fenêtres, conçues pour introduire la lumière, sont cantonnées d'embrasures profondes contrecarrant formellement l'intention.

Sur le sol coûteux des grandes villes, on voit encore surgir, des fondations d'un bâtiment, d'énormes piles de maçonnerie,

L'*Aquitania.* Cunard Line.

alors que de simples poteaux de ciment seraient d'égale efficacité. Les toits, les misérables toits, continuent à sévir, paradoxe inexcusable. Les sous-sols demeurent humides et encombrés et les canalisations des villes sont toujours enfouies sous des empierrements, comme des organes morts, alors qu'une conception logique réalisable dès maintenant apporterait la solution.

Les « styles » — car il faut bien avoir fait quelque chose — interviennent comme le grand apport de l'architecte. Ils interviennent dans la décoration des façades et des salons; ce sont les dégénérescences des styles, la défroque d'un vieux temps; mais c'est le « garde à vous, fixe! » respectueux et servile devant le passé : modestie inquiétante. Mensonge, car « aux belles époques », les façades étaient lisses avec des trous réguliers et de bonnes proportions humaines. Les murs étaient le plus mince possible. Les palais? C'était bon pour les grands-ducs d'alors. Est-ce qu'un monsieur bien élevé copie les grands-ducs d'aujourd'hui? Compiègne, Chantilly, Versailles, sont bons à voir sous un certain angle, mais... il y aurait bien des choses à dire.

Des maisons comme des tabernacles, des tabernacles comme des maisons, des meubles comme des palais (frontons, statues,

Le *Lamoricière*. Cie Transatlantique.
Aux architectes : Une beauté plus technique. O gare d'Orsay !
Une esthétique plus près de ses causes véritables !

colonnes torses ou pas torses), des aiguières comme des meubles-maisons et les plats de Bernard Palissy où il serait bien impossible de déposer trois noisettes!

Les « styles » demeurent!

***

Une maison est une machine à habiter. Bains, soleil, eau chaude, eau froide, température à volonté, conservation des mets, hygiène, beauté par proportion. Un fauteuil est une machine à s'asseoir, etc. : Maple a montré le chemin. Les aiguières sont des machines à se laver : Twyford les a créées.

Notre vie moderne, toute celle de notre activité, à l'exception de celle de l'heure du tilleul et de la camomille, a créé ses objets : son costume, son stylo, son eversharp, sa machine à écrire, son appareil téléphonique, ses meubles de bureau admirables, les glaces de Saint-Gobain et les malles « Innovation », le rasoir Gillette et la pipe anglaise, le chapeau melon et la limousine, le paquebot et l'avion.

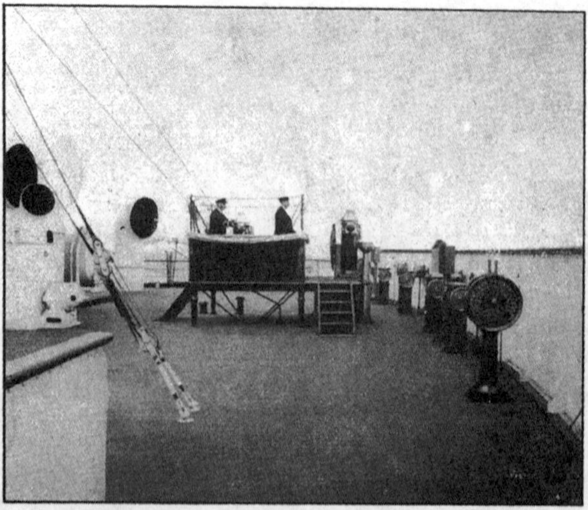

L'*Aquitania.* Cunard Line.
La même esthétique que celle de votre pipe anglaise, de votre meuble de bureau, de votre limousine.

L'*Aquitania.* Cunard Line.
Pour les architectes : Un mur tout en fenêtres, une salle à clarté pleine. Quel contraste avec nos fenêtres de maisons qui trouent un mur en déterminant de chaque côté une zone d'ombre rendant la pièce triste et faisant paraître la clarté si dure que des rideaux sont indispensables pour tamiser et effacer cette lumière.

Paquebot *France* construit par les Chantiers de Saint-Nazaire.
De la proportion. — Regardons ceci et songeons aux palaces de Vichy, de Zermatt ou de Biarritz, et aussi aux rues neuves de Passy.

L'*Aquitania*. Cunard Line.

A MM. les Architectes : Une villa sur les dunes de Normandie, conçue comme ces navires, serait plus seyante que les grands « toits normands » si vieux, si vieux! Mais on pourrait prétendre que ceci n'est point du style maritime!

L'*Aquitania*. Cunard Line.

Aux architectes : La valeur d'un long promenoir, volume satisfaisant, intéressant; l'unité de matière, le bel agencement d'éléments constructifs, sainement exposés et assemblés avec unité.

Le *Lamoricière*. Cie Transatlantique.

Aux architectes : Des formes neuves d'architecture, des éléments à l'échelle humaine, vastes et intimes, la libération des styles étouffants, le contraste des pleins et des vides, des masses fortes et des éléments graciles.

Empress of France. Canadian Pacific.
Une architecture pure, nette, claire, propre, saine. — Contraste : les tapis, les coussins, les baldaquins, les papiers damassés, les meubles dorés et sculptés, les couleurs vieille-marquise ou ballets russes; tristesse morne de ce bazar d'Occident.

Notre époque fixe chaque jour son style. Il est là sous nos yeux. Des yeux qui ne voient pas.

***

Il faut dissiper un malentendu : nous sommes pourris d'art confondu avec le respect du décor. Déplacement du sentiment d'art, incorporé avec une légèreté d'esprit blâmable dans toutes choses, à la faveur des théories et des campagnes menées par des décorateurs qui ignorent leur époque.

L'art est une chose austère qui a ses heures sacrées. On les profane. Frivole, l'art grimace sur un monde qui a besoin d'organisation, d'outils, de moyens, qui s'efforce douloureusement vers la stabilisation d'un ordre nouveau. Une société vit d'abord de pain, de soleil, du confort nécessaire. Tout est à faire! Tâche immense! Et c'est si fort, si urgent, que le monde entier s'absorbe

Empress of Asia. Canadian Pacific.
« L'architecture est le jeu savant, correct et magnifique des volumes assemblés sous la lumière. »

dans cette impérieuse nécessité. Les machines conduiront à un ordre nouveau du travail, du repos. Des villes entières sont à construire, à reconstruire, en vue d'un confort minimum, dont le manque prolongé pourrait faire osciller l'équilibre des sociétés. La société est instable, se fissurant sous un état de choses bouleversé depuis cinquante années de progrès qui ont plus changé la face du monde que les six siècles précédents.

L'heure est à la construction, pas au badinage.

L'art de notre époque est à sa place quand il s'adresse aux élites. L'art n'est pas chose populaire, encore moins « poule de luxe ». L'art n'est un aliment nécessaire que pour les élites qui ont à se recueillir pour pouvoir conduire. L'art est d'essence hautaine.

***

Dans le douloureux enfantement de cette époque qui se forme, s'affirme un besoin d'harmonie.

Que les yeux voient : cette harmonie est là, fonction du labeur régi par l'*économie* et conditionné par la fatalité de la physique. Cette harmonie a des raisons; elle n'est point l'effet des caprices mais celui d'une construction logique et cohérente avec le monde ambiant. Dans la transposition hardie des travaux humains, la nature est présente, et d'autant plus rigoureusement que le problème était difficile. Les créations de la technique machiniste sont des organismes tendant à la pureté et subissant les mêmes règles évolutives que les objets de la nature qui suscitent notre admiration. L'harmonie est dans les ouvrages qui sortent de l'atelier ou de l'usine. Ce n'est pas de l'Art, ce n'est pas la Sixtine, ni l'Erechthéion; ce sont les œuvres quotidiennes de tout un univers qui travaille avec conscience, intelligence, précision, avec imagination, hardiesse et rigueur.

***

Si l'on oublie un instant qu'un paquebot est un outil de transport et qu'on le regarde avec des yeux neufs, on se sentira en face d'une manifestation importante de témérité, de discipline, d'harmonie, de beauté calme, nerveuse et forte.

Un architecte sérieux qui regarde en architecte (créateur d'organismes) trouvera dans un paquebot la libération des servitudes séculaires maudites.

Il préférera, au respect paresseux des traditions, le respect des forces de la nature; à la petitesse des conceptions médiocres, la majesté des solutions découlant d'un problème bien posé et requises par ce siècle de grand effort qui vient de faire un pas de géant.

La maison des terriens est l'expression d'un monde périmé à petites dimensions. Le paquebot est la première étape dans la réalisation d'un monde organisé selon l'esprit nouveau.

Cliché Dræger.

DES YEUX QUI NE VOIENT PAS...

II

LES AVIONS

L'avion est un produit de haute sélection.

La leçon de l'avion est dans la logique qui a présidé à l'énoncé du problème et à sa réalisation.

Le problème de la maison n'est pas posé.

Les choses actuelles de l'architecture ne répondent plus à nos besoins.

Pourtant il y a les standarts du logis.

La mécanique porte en soi le facteur d'économie qui sélectionne.

La maison est une machine à habiter.

Il y a un esprit nouveau : c'est un esprit de construction et de synthèse guidé par une conception claire.

Quoi qu'on en pense, il anime aujourd'hui la plus grande partie de l'activité humaine.

UNE GRANDE ÉPOQUE VIENT DE COMMENCER

Programme de l' « *Esprit Nouveau* », N° 1, *octobre* 1920.

Il est un métier, un seul, l'architecture, où le progrès n'est pas de rigueur, où la paresse règne, où l'on s'en réfère à hier.

Partout ailleurs, l'inquiétude de demain harcèle et conduit à la solution : si l'on n'avance pas, on fait faillite.

Mais en architecture, on ne fait jamais faillite. Métier privilégié. Hélas!

***

L'avion est certainement, dans l'industrie moderne, un des produits de plus haute sélection.

La Guerre fut l'insatiable client, jamais satisfait, toujours exigeant mieux. La consigne était de réussir et la mort suivait implacablement l'erreur. On peut donc affirmer que l'avion a mobilisé l'invention, l'intelligence et la hardiesse : l'*imagination* et la *raison froide*. Le même esprit a construit le Parthénon.

***

Je me place, au point de vue de l'architecture, dans l'état d'esprit de l'inventeur d'avions.

La leçon de l'avion n'est pas tant dans les formes créées, et, tout d'abord, il faut apprendre à ne pas voir dans un avion un oiseau ou une libellule, mais une machine à voler; la leçon de l'avion est dans la logique qui a présidé à l'énoncé du problème et qui a conduit à la réussite de sa réalisation. Quand un problème est posé, à notre époque, il trouve fatalement sa solution.

Le problème de la maison n'est pas posé.

***

Un lieu commun chez MM. les architectes (les jeunes) : *il faut accuser la construction.*

Un autre lieu commun chez les mêmes : *quand une chose répond à un besoin, elle est belle.*

Pardon! Accuser la construction, c'est bien pour un élève des Arts et Métiers qui tient à faire preuve de ses mérites. Le bon Dieu a bien accusé les poignets et les chevilles, mais il y a le reste.

Quand une chose répond à un besoin, elle n'est pas belle, elle satisfait toute une part de notre esprit, la première part, celle sans laquelle il n'y a pas de satisfactions ultérieures possibles; rétablissons cette chronologie.

L'architecture a un autre sens et d'autres fins que d'accuser des constructions et de répondre à des besoins (besoins pris dans le sens, sous-entendu ici, d'utilité, de confort, d'agencement pratique). L'ARCHITECTURE, c'est l'art par excellence, qui atteint

AIR EXPRESS

« Farman. »

à l'état de grandeur platonicienne, ordre mathématique, spéculation, perception de l'harmonie par les rapports émouvants. Voilà la FIN de l'architecture.

***

Mais rentrons dans la chronologie.

Si nous sentons le besoin d'une autre architecture, organisme clair, apuré, c'est qu'en l'état actuel, la sensation d'ordre mathématique ne peut pas nous atteindre parce que les *choses ne répondent plus à un besoin*, parce qu'il n'y a plus de construction dans l'architecture. Une confusion extrême règne : l'architecture actuelle ne solutionne plus la question moderne du logis et ne connaît pas la structure des choses. Elle ne remplit pas les conditions

SPAD 33 BLÉRIOT, Berline de transport. Herbemont, ingénieur.

primordiales et il n'est pas possible que le facteur supérieur d'harmonie, de beauté, intervienne.

L'architecture d'aujourd'hui ne remplit pas les conditions nécessaires et suffisantes du problème.

C'est que le problème ne s'est pas posé pour l'architecture. Il n'y a pas eu de guerre utile comme ce fut le cas pour l'avion.

Si, pourtant, la paix pose maintenant le problème : le Nord à reconstruire. Mais, voilà : on est totalement désarmé, on ne sait pas bâtir moderne, — matériaux, systèmes constructifs, CONCEPTION DU LOGIS. Les ingénieurs étaient occupés aux barrages, aux ponts, aux transatlantiques, aux mines, aux chemins de fer. Les architectes dormaient.

Le Nord ne s'est pas reconstruit depuis deux ans. Ces derniers temps seulement, dans les grandes sociétés d'entreprises, les ingénieurs ont pris en mains le problème de la maison, la partie constructive (matériaux et système de structure) (1). IL RESTE A DÉFINIR LA CONCEPTION DU LOGIS.

(1) 1924. Mais les ingénieurs ont été blackboulés. L'opinion publique les a contredits. On n'a pas voulu de leurs so utions. Les usages sont demeurés. On a bâti comme avant, on n'a rien changé. Le Nord n'a pas voulu être la merveilleuse révélation de l'après-guerre.

Hydrotricellulaire Caproni, 3.000 chevaux, transporte 100 passagers.

L'avion nous montre qu'un problème bien posé trouve sa solution. Désirer voler comme un oiseau, c'était mal poser le problème, et la chauve-souris d'Ader n'a pas quitté le sol. Inventer une machine à voler sans souvenirs accordés à quoi que ce soit d'étranger à la pure mécanique, c'est-à-dire rechercher un plan sustentateur et une propulsion, c'était bien poser le problème : en moins de dix ans tout le monde pouvait voler.

***

POSONS LE PROBLÈME

Fermons les yeux sur ce qui existe.

Une maison : un abri contre le chaud, le froid, la pluie, les voleurs, les indiscrets. Un réceptacle de lumière et de soleil. Un certain nombre de cases affectées à la cuisine, au travail, à la vie intime.

Une chambre : une surface pour circuler librement, un lit de repos pour s'étendre, une chaise pour être à l'aise et travailler, une table pour travailler, des casiers pour ranger vite chaque chose à sa « right place ».

Triplan CAPRONI, 2.000 chevaux, transporte 30 passagers.

Combien de chambres : une pour cuisiner et une pour manger. Une pour travailler, une pour se laver et une pour dormir.

Tels sont les standarts du logis.

Alors pourquoi, sur les gentilles villas des environs, ces immenses toits inutiles? Pourquoi ces fenêtres rares à petits carreaux, pourquoi ces grandes maisons avec tant de pièces fermées à clef? Alors pourquoi cette armoire à glace, ce lavabo, cette commode? Ailleurs, pourquoi ces bibliothèques ornées d'acanthes, ces consoles, ces vitrines, ces vaisseliers, ces argentiers, ces buffets de service? Pourquoi ces immenses lustres? Pourquoi ces cheminées? Pourquoi ces rideaux à baldaquins? Pourquoi ces papiers aux murs, pleins de couleurs, de damas, de vignettes bariolées?

On ne voit pas jour chez vous. Vos fenêtres sont mal commodes à ouvrir. Il n'y a pas de vasistas pour aérer comme il y en a dans tous les wagons-restaurants. Vos lustres me font mal aux yeux. Vos staffs et vos papiers de couleur sont insolents comme des valets, et je remporte chez moi le tableau de Picasso que je venais vous offrir, car on ne le verrait pas dans le bazar de votre intérieur.

« Air Express », Paris-Londres en deux heures.

Et tout cela vous a bien coûté 50.000 francs.

Pourquoi n'exigez-vous pas de votre propriétaire :

1o Les casiers à linge de corps et à vêtements dans votre chambre à coucher, le tout à une seule profondeur, à hauteur humaine, et pratiques comme une malle « Innovation ».

2o Dans votre salle à manger, les casiers à vaisselle, à argenterie, à verrerie, fermant bien et avec assez de tiroirs pour que votre « rangement » soit fait en un tourne-main, et le tout noyé dans le mur afin qu'autour de votre table et de vos chaises vous ayez la place de circuler et le sentiment d'espace qui vous procure le calme nécessaire à une bonne digestion.

3o Dans votre grande salle, *des casiers pour que vos livres soient à l'abri de la poussière ainsi que votre collection de tableaux et d'œuvres d'art* et de telle façon que les murs de votre salle soient libres. Vous pourrez alors sortir du casier à tableaux et l'accrocher au mur l'Ingres (ou sa photo si vous êtes pauvre) qui vous est rappelé ce soir par la chronique de votre journal.

Vos vaisseliers, vos armoires à glaces, vos argentiers, vous les vendrez chez quelqu'un de ces peuples jeunes qui viennent de naître sur la carte et où, précisément, le *Progrès* sévit et où l'on quitte la maison traditionnelle (avec ses casiers, etc.) pour habiter les maisons du progrès « à l'européenne » avec staffs et cheminées.

Cliché Branger. Le *Moustique*, FARMAN.

Répétons des axiomes fondamentaux :

a) *Les chaises sont faites pour s'asseoir.* Il existe les chaises de paille des églises à 5 francs, les fauteuils Maples à 1.000 francs et les morris-chairs à inclinaison graduée avec tablette mobile pour le livre en lecture, tablette pour la tasse de café, rallonge pour étendre ses pieds, dossier basculant avec manivelle pour prendre les positions les plus parfaites depuis la sieste jusqu'au travail, hygiéniquement, confortablement, correctement. Vos bergères, vos causeuses en Louis XVI avec Aubusson ou Salon d'Automne à potirons, sont-elles des machines à s'asseoir? Entre nous, vous êtes plus confortablement à votre cercle, à votre banque ou à votre bureau.

b) *L'électricité donne de la clarté.* Il y a les rampes dissimulées et aussi les diffuseurs et les projecteurs. On voit clair comme en plein jour et l'on n'a jamais mal aux yeux.

Une lampe de 100 bougies pèse 50 grammes, mais vous avez des lustres de 100 kilogrammes avec des macarons dessus, en bronze ou en bois, et si grands que cela tient tout le centre de la pièce et que l'entretien en est terrible à cause des mouches qui font caca dessus. Cela fait aussi très mal aux yeux, le soir.

c) *Les fenêtres servent à éclairer un peu, beaucoup, pas du tout et à regarder au dehors.* Il y a les fenêtres de sleeping qui ferment hermétiquement, qui s'ouvrent à volonté; il y a les grandes baies des cafés modernes qui ferment hermétiquement mais qui peuvent s'ouvrir complètement grâce à la manivelle qui les fait descendre dans le sol; il y a les fenêtres des wagons-restaurants qui ont de

SPAD XIII BLÉRIOT : ingénieur, M. Bechneau.

petites jalousies en glace qui s'ouvrent pour aérer un peu, beaucoup, pas du tout; il y a les glaces de Saint-Gobain qui ont remplacé

« AIR EXPRESS », deux cents kilomètres à l'heure.

Goliath FARMAN, pour bombardements.

les culs de bouteille et les vitraux; il y a les volets roulants qui peuvent se descendre par fractions et intercepter la lumière à volonté suivant l'écart de leurs lamelles. Mais les architectes ne pratiquent que les fenêtres de Versailles ou de Compiègne, Louis X, Y ou Z qui ferment mal, qui ont de tout petits carreaux, qui s'ouvrent avec peine et les persiennes sont au dehors; s'il pleut le soir, pour les tirer, on reçoit l'averse.

d) *Les tableaux sont faits pour être médités.* Raphaël ou Ingres ou Picasso sont faits pour être médités. Si Raphaël, Ingres ou Picasso coûtent trop cher, les reproductions photographiques sont bon marché. Pour méditer devant un tableau, il faut qu'il soit présenté en bonne place et dans une atmosphère calme. Le véritable collectionneur de tableaux classe ses tableaux dans un casier et il accroche au mur le tableau qu'il lui plaît de regarder; mais vos murs sont comme des collections de timbres-poste, de timbres-poste qui n'ont souvent pas de valeur.

e) *Une maison est faite pour être habitée.* — Pas possible! — Mais oui! — Vous êtes un utopiste!

A vrai dire, l'homme moderne s'ennuie chez lui à mourir; il va au cercle. La femme moderne s'ennuie hors de son boudoir; elle va au five o'clock. L'homme et la femme modernes s'ennuient chez eux; ils vont au dancing. Mais les humbles qui n'ont pas de cercle se tassent le soir sous le lustre et craignent de circuler dans le

« AIR EXPRESS », le Goliath Farman.

dédale de leurs meubles qui occupent toute la place et qui sont toute leur fortune et toute leur fierté.

Le plan des maisons rejette l'homme et est conçu en garde-meubles. Cette conception favorable au commerce du faubourg Saint-Antoine est néfaste à la société. Elle tue l'esprit de famille, de foyer; il n'y a pas de foyer, pas de famille et pas d'enfants, car c'est trop mal commode à vivre.

La ligue contre l'alcoolisme, la ligue pour la repopulation, doivent adresser un appel pressant aux architectes; elles doivent imprimer le MANUEL DE L'HABITATION, le distribuer aux mères de famille et exiger la démission des professeurs de l'École des Beaux-Arts.

MANUEL DE L'HABITATION

Exigez une salle de toilette en plein soleil, l'une des plus grandes pièces de l'appartement, l'ancien salon par exemple. Une paroi toute en fenêtres ouvrant si possible sur une terrasse pour bains de soleil; lavabos de porcelaine, baignoire, douches, appareils de gymnastique.

Pièce contiguë : garde-robe où vous vous habillerez et vous déshabillerez. Ne vous déshabillez pas dans votre chambre à coucher. C'est peu propre et cela crée un désordre pénible. Dans la garde-robe (1), *exigez des placards pour le linge et les vêtements, pas plus haut que 1 m. 50, avec tiroirs, penderies, etc.*

Exigez une grande salle à la place de tous les salons.

Exigez des murs nus dans votre chambre à coucher, dans votre grande salle, dans votre salle à manger. Des casiers dans les murs remplaceront les meubles qui coûtent cher, dévorent la place et nécessitent de l'entretien.

Réclamez la suppression des staffs et celle des portes à carreaux biseautés qui impliquent un style malhonnête.

Si vous le pouvez, mettez la cuisine sous le toit pour éviter les odeurs.

Exigez de votre propriétaire qu'en compensation des staffs et des tentures, il vous installe la lumière électrique par rampes cachées ou diffuseurs.

Exigez le vacuum.

N'achetez que des meubles pratiques et jamais de meubles décoratifs. Allez dans les vieux châteaux voir le mauvais goût des grands rois.

Ne mettez aux murs que peu de tableaux et seulement des œuvres de qualité. Faute de tableaux, achetez les photographies de ces tableaux.

Mettez vos collections dans des tiroirs ou des casiers. Ayez le respect profond des vraies œuvres d'art.

Le gramophone ou le pleyela vous donnera des interprétations exactes des fugues de Bach et vous évitera la salle de concert et les rhumes, le délire des virtuoses.

Exigez des vasistas aux fenêtres de toutes vos pièces.

Enseignez à vos enfants que la maison n'est habitable que lorsque la lumière abonde, que lorsque les parquets et les murs sont nets. Pour entretenir bien vos parquets, supprimez les meubles et les tapis d'Orient.

Exigez de votre propriétaire un garage d'auto, de vélo et de moto par appartement.

Exigez la chambre des domestiques à l'étage. Ne parquez pas vos domestiques sous les toits.

Louez des appartements une fois plus petits que ceux auxquels vous ont habitués vos parents. Songez à l'économie de vos gestes, de vos ordres et de vos pensées.

(1) J'ignore pourquoi l'on entend, dans le langage moderne, que la garde-robe soit une chaise percée; les temps du clysopompe sont révolus.

Le Goliath Farman. Paris-Prague en six heures, Paris-Varsovie en neuf heures.

LE PROBLÈME MAL POSÉ :

DES YEUX QUI N'ONT PAS VU...

FARMAN.

***

Conclusion. Dans tout homme moderne, il y a une mécanique. Le sentiment de la mécanique existe motivé par l'activité quotidienne. Ce sentiment est, à l'égard de la mécanique, de respect, de gratitude, d'estime.

La mécanique porte en soi le facteur d'économie qui sélectionne. Il y a dans le sentiment mécanique, du sentiment moral.

L'homme intelligent, froid et calme, a acquis des ailes.

On demande des hommes intelligents, froids et calmes, pour bâtir la maison, pour tracer la ville.

MM. Loucheur et Bonnevay ont déposé une loi ayant pour objet la construction, pendant dix années, 1921 à 1930, de 500.000 logements économiques et salubres.

Les prévisions financières sont basées sur un prix de revient de 15.000 francs (1) par maison.

Actuellement, les maisons les plus petites, construites sur les données de MM. les architectes traditionalistes, ne coûtent pas moins de 25.000 à 30.000 francs.

Pour réaliser le programme Loucheur, il faut donc transformer totalement les usages en honneur chez MM. les architectes, tamiser le passé et tous ses souvenirs à travers les mailles de la raison, poser le problème comme se le sont posé les ingénieurs de l'aviation et construire en série des machines à habiter.

(1) 1924. Aujourd'hui nous en sommes bien à 28 ou 40.000 francs.

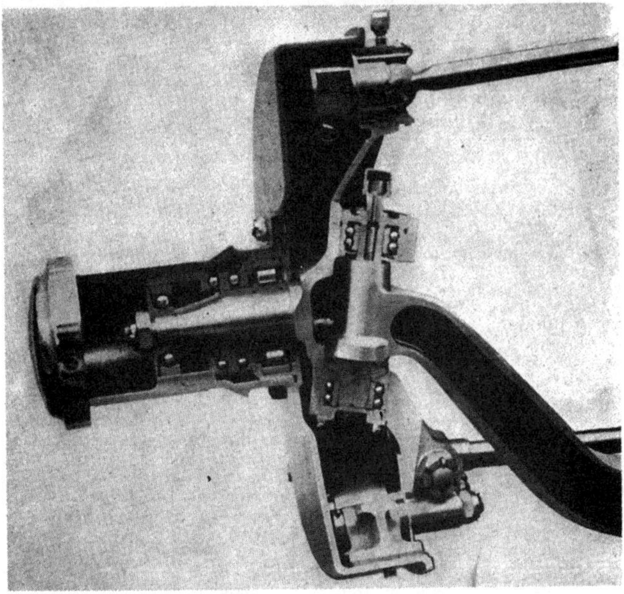

Frein avant Delage.

Cette précision, cette netteté d'exécution, ne flattent pas qu'un sentiment nouveau-né de la mécanique. Phidias sentait ainsi ; l'entablement du Parthénon en témoigne. De même les Égyptiens lorsqu'ils polissaient les Pyramides. C'était au temps où Euclide et Pythagore dictaient la conduite de leurs contemporains.

DES YEUX QUI NE VOIENT PAS...

III

LES AUTOS

Il faut tendre à l'établissement de standarts pour affronter le problème de la perfection.

Le Parthénon est un produit de sélection appliqué à un standart.

L'architecture agit sur des standarts.

Les standarts sont chose de logique, d'analyse, de scrupuleuse étude ; ils s'établissent sur un problème bien posé. L'expérimentation fixe définitivement le standart.

Delage, 1921.

Si le problème de l'habitation, de l'appartement, était étudié comme un châssis, on verrait se transformer, s'améliorer rapidement nos maisons. Si les maisons étaient construites industriellement, en série, comme des châssis, on verrait surgir rapidement des formes inattendues, mais saines, défendables, et l'esthétique se formulerait avec une précision surprenante.

Il y a un esprit nouveau : c'est un esprit de construction et de synthèse guidé par une conception claire.

Programme de l' « Esprit Nouveau », N° 1, *octobre* 1920.

Il faut tendre à l'établissement de *standarts* pour affronter le problème de la *perfection.*

PAESTUM, de 600 à 550 av. J.-C.

Le Parthénon est un produit de sélection appliquée à un standart établi. Depuis un siècle déjà, le temple grec était organisé dans tous ses éléments.

Lorsqu'un standart est établi, le jeu de la concurrence immédiate et violente s'exerce. C'est le match; pour gagner, il faut

Cliché de *La Vie Automobile*. HUMBERT, 1907.

Cliché Albert Morancé. PARTHÉNON, de 447 à 434 av. J.-C.

faire mieux que l'adversaire *dans toutes les parties*, dans la ligne d'ensemble et dans tous les détails. C'est alors l'étude poussée des parties. Progrès.

Le standart est une nécessité d'ordre apporté dans le travail humain.

Le standart s'établit sur des bases certaines, non pas arbi-

DELAGE, Grand-Sport, 1921.

HISPANO-SUIZA. Carrosserie Ozenfant, 1911.

trairement, mais avec la sécurité des choses motivées et d'une logique contrôlée par l'analyse et l'expérimentation.

Tous les hommes ont même organisme, mêmes fonctions.

Tous les hommes ont mêmes besoins.

Le contrat social qui évolue à travers les âges détermine des classes, des fonctions, des besoins standarts donnant des produits d'usage standart.

La maison est un produit nécessaire à l'homme.

Le tableau est un produit nécessaire à l'homme pour répondre à des besoins d'ordre spirituel, déterminés par les standarts de l'émotion.

Toutes les grandes œuvres sont basées sur les quelques grands standarts du cœur : *Œdipe, Phèdre, l'Enfant Prodigue, les Madones, Paul et Virginie, Philémon et Baucis, le Pauvre Pêcheur, la Marseillaise, Madelon vient nous verser à boire...*

Établir un standart, c'est épuiser toutes les possibilités pratiques et raisonnables, déduire un type reconnu conforme aux fonctions, à rendement maximum, à emploi minimum de moyens, main-d'œuvre et matière, mots, formes, couleurs, sons.

L'auto est un objet à fonction simple (rouler) et à fins complexes (confort, résistance, aspect), qui a mis la grande industrie dans la nécessité impérieuse de standartiser. Les autos ont toutes les mêmes dispositions essentielles. Par la concurrence inlassable

BIGNAN-SPORT, 1921.

des innombrables maisons qui les construisent, chacune d'elles s'est vue dans l'obligation de dominer la concurrence, et, sur le standart des choses pratiques réalisées, est intervenue la recherche d'une perfection, d'une harmonie, hors du fait brutal pratique, une manifestation non seulement de perfection et d'harmonie, mais de beauté.

De là naît le style, c'est-à-dire cet acquis unanimement reconnu d'un état de perfection unanimement ressentie.

L'établissement d'un standart procède de l'organisation d'éléments rationnels suivant une ligne de conduite rationnelle également. La masse enveloppante n'est point préconçue, *elle résulte;* elle peut avoir une attitude étrange au premier abord. Ader faisant une chauve-souris, ça ne volait pas; Wright ou Farman faisant des plans sustentateurs, c'était heurtant, déconcertant, mais ça volait. Le standart était fixé. Vint la mise au point.

Les premières autos furent construites et carrossées à l'ancienne. C'était contraire aux modalités de déplacement et de pénétration rapide d'un corps. L'étude des lois de pénétration fixa le standart, un standart qui évolue entre deux fins différentes : vitesse, grosse masse en avant (voiture de course); confort, volume important à l'arrière (limousine). Dans les deux cas, plus aucun point commun avec l'ancien carrosse à déplacement lent.

Les civilisations avancent. Elles quittent l'âge du paysan,

Photo Albert Morancé. LE PARTHÉNON.

Petit à petit, le temple se formule, passe de la construction à l'architecture. Cent ans plus tard le Parthénon fixera le point culminant de l'ascension.

du guerrier et du prêtre, pour atteindre à ce qu'on appelle justement la culture. La culture est l'aboutissement d'un effort de sélection. Sélection veut dire écarter, émonder, nettoyer, faire ressortir nu et clair l'Essentiel.

Depuis le primitivisme de la chapelle romane, on a passé à Notre-Dame de Paris, aux Invalides, à la Concorde. On a épuré, affiné la sensation, écarté le décor et conquis la proportion et la mesure; on a avancé; on a passé des satisfactions primaires (décor) aux satisfactions supérieures (mathématique).

S'il reste des armoires bretonnes en Bretagne, c'est que les Bretons sont demeurés en Bretagne, bien loin, bien stables, toujours occupés à la pêche et à leur élevage. Il n'est pas séant que les messieurs de la bonne société dorment, en leur hôtel de Paris, dans un lit breton; il n'est pas séant qu'un monsieur qui possède une limousine dorme dans un lit breton, etc. Il suffit de se rendre compte et de tirer les déductions logiques. Posséder une limousine et un lit breton, c'est, hélas, courant.

Photo Albert Morancé. LE PARTHÉNON.

Chaque partie est décisive, marque le maximum de précision, d'expression ; la proportion s'y lit catégorique.

Tout le monde s'écrie avec conviction et enthousiasme : « La limousine marque le style de notre époque! » et le lit breton se vend et se fabrique toujours chez les antiquaires.

Montrons donc le Parthénon et l'auto afin qu'on comprenne qu'il s'agit ici, dans des domaines différents, de deux produits de sélection, l'un ayant abouti, l'autre étant en marche de progrès. Ceci ennoblit l'auto. Alors! Alors il reste à confronter nos maisons et nos palais avec les autos. C'est ici que ça ne va plus, que rien ne va plus. C'est ici que nous n'avons pas nos Parthénons.

***

Le standart de la maison est d'ordre pratique, d'ordre constructif. J'ai tenté de l'énoncer dans le précédent chapitre sur les avions.

Le programme Loucheur qui comporte 500.000 logements à construire en dix ans fixera sans doute celui de l'habitation ouvrière.

Hydrotricellulaire CAPRONI.
Cette image montre comment se créent des organismes plastiques, à la seule instigation d'un problème bien posé.

Le standart du mobilier est en pleine voie d'expérimentation chez les fabricants de meubles de bureau, de malles, chez les horlogers, etc. Il n'y a qu'à poursuivre dans cette voie : besogne d'ingénieur. Et toutes les balivernes prononcées autour de l'objet unique, du meuble d'art, sonnent faux et prouvent une incompréhension fâcheuse des nécessités de l'heure présente : une chaise n'est point une œuvre d'art; une chaise n'a pas une âme; c'est un outil pour s'asseoir.

L'art, dans un pays de haute culture, trouve son moyen d'expression dans l'œuvre d'art véritable, concentrée et débarrassée de toutes fins utilitaires, le tableau, le livre, la musique.

Toute manifestation humaine nécessite un certain quantum d'intérêt et ceci surtout dans le domaine esthétique; cet intérêt est d'ordre sensoriel et d'ordre intellectuel. Le décor est d'ordre sensoriel et primaire ainsi que la couleur, et il convient aux peuples simples, aux paysans et aux sauvages. L'harmonie et la proportion sollicitent l'intellect, arrêtent l'homme cultivé. Le paysan

CAPRONI-EXPLORATION.
La poésie n'est que dans le verbe. Plus forte est la poésie des faits. Des objets qui signifient quelque chose et qui sont disposés avec tact et talent créent un fait poétique.

aime l'ornement et peint des fresques. Le civilisé porte le complet anglais et possède des tableaux de chevalet et des livres.

Le décor est le superflu nécessaire, quantum du paysan, et la proportion est le superflu nécessaire, quantum de l'homme cultivé.

En architecture, le quantum d'intérêt est atteint par le groupement et la proportion des pièces et des meubles; besogne d'architecte. La beauté? C'est un impondérable ne pouvant agir que par la présence formelle des bases primordiales : satisfaction rationnelle de l'esprit (utilité, économie); ensuite, cubes, sphères, cylindres, cônes, etc. (sensoriel). Puis... l'impondérable, les rapports qui créent l'impondérable : c'est le génie, le génie inventif, le génie plastique, le génie mathématique, cette capacité de faire mesurer

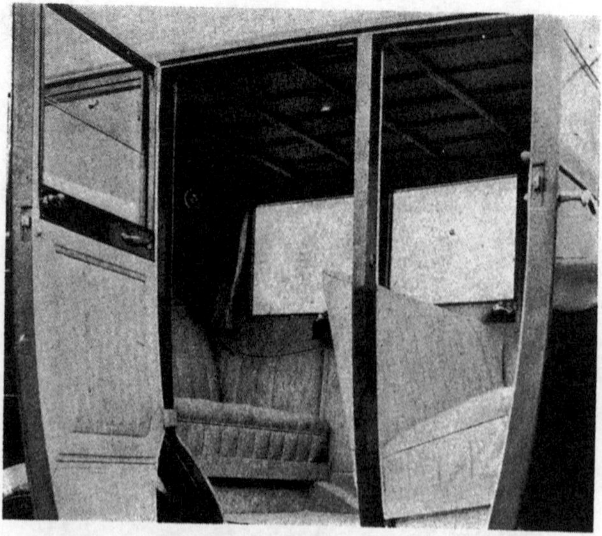

Bellanger, Conduite intérieure.

l'ordre, l'unité, d'organiser selon des lois claires toutes ces choses qui excitent et satisfont pleinement nos sens visuels.

Naissent alors les sensations diverses, évocatrices de tout ce qu'un homme de haute culture a vu, ressenti, aimé, qui déclanchent, par des moyens implacables,. ces frémissements déjà éprouvés dans le drame de la vie : la nature, les hommes, le monde.

En cette période de science, de lutte et de drame où l'individu est violemment secoué à chaque heure, le Parthénon nous apparaît comme une œuvre vivante, remplie de grandes sonorités. La masse de ses éléments infaillibles donne la mesure de ce que l'homme absorbé dans un problème définitivement posé peut atteindre de perfection. Cette perfection est ici tellement en dehors des normes, que la vue du Parthénon ne peut à l'heure actuelle s'accorder en nous qu'avec des sensations très limitées, constatation inattendue, les sensations mécaniques; qu'avec ces grandes machines impressionnantes que nous avons vues et qui nous sont apparues comme les résultats les plus parfaits de l'activité actuelle, seuls produits véritablement aboutis de notre civilisation.

VOISIN, Torpédo-Sport, 1921.

Il est plus définitif de porter un jugement sur un homme véritablement élégant que sur une femme élégante, parce que le costume masculin est standartisé. La présence de Phidias à côté d'Ictinos et de Kallicrate est indiscutable et aussi sa domination, parce que les temples de l'époque étaient tous sur le même type et que le Parthénon les dépasse tous démesurément.

Phidias aurait aimé vivre en cette époque de standarts. Il eût admis la possibilité, la certitude d'une réussite. Ses yeux eussent vu notre époque, les résultats probants de son labeur. Il eût répété l'expérience du Parthénon, bientôt.

***

L'architecture agit sur des standarts. Les standarts sont choses de logique, d'analyse, de scrupuleuse étude. Les standarts s'établissent sur un problème bien posé. L'architecture est invention plastique, est spéculation intellectuelle, est mathématique supérieure. L'architecture est un art très digne.

Le standart, imposé par la loi de sélection, est une nécessité économique et sociale. L'harmonie est un état de concordance avec les normes de notre univers. La Beauté domine; elle est de pure création humaine; elle est le superflu nécessaire seulement à ceux qui ont une âme élevée.

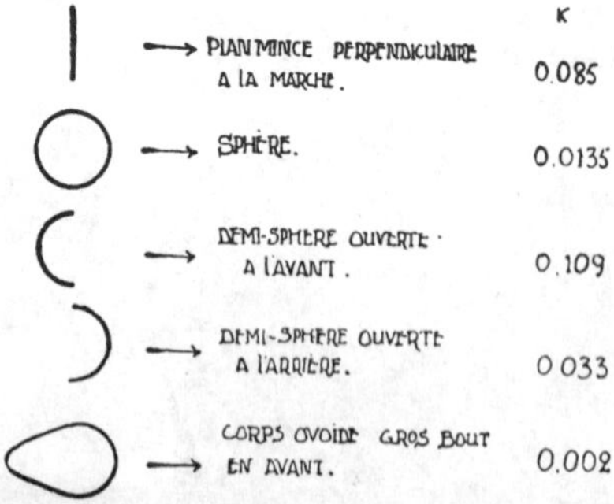

Le cône de meilleure pénétration, issu de l'expérimentation et du calcul, confirme les créations naturelles, le poisson, l'oiseau, etc. Application expérimentale : le dirigeable, l'auto de course.

***

Mais il faut d'abord tendre à l'établissement de standarts pour affronter le problème de la perfection.

A la recherche d'un standart.

Photo Albert Morancé. LE PARTHÉNON.

Phidias, en construisant le Parthénon, n'a pas fait œuvre de constructeur, d'ingénieur de traceur de plans. Tous les éléments existaient. Il a fait œuvre de perfection, de haute spiritualité.

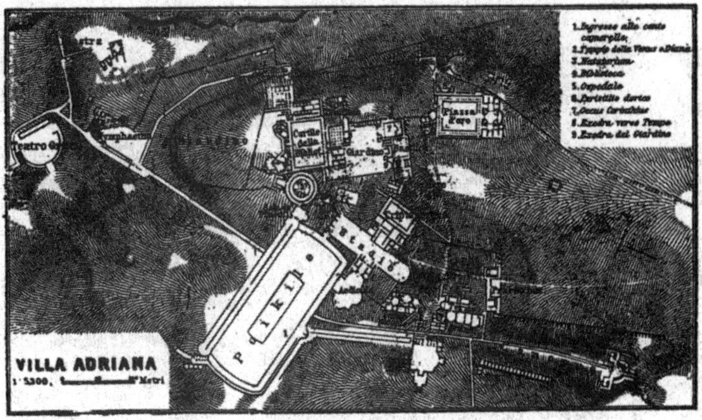

LA VILLA ADRIANA, près Tivoli, an 130 après J.-C.

ARCHITECTURE

I

LA LEÇON DE ROME

L'architecture, c'est, avec des matériaux bruts, établir des rapports émouvants.

L'architecture est au delà des choses utilitaires.

L'architecture est chose de plastique.

Esprit d'ordre, unité d'intention, le sens des rapports; l'architecture gère des quantités.

La passion fait des pierres inertes un drame.

On met en œuvre de la pierre, du bois, du ciment; on en fait des maisons, des palais; c'est de la construction. L'ingéniosité travaille.

Mais, tout à coup, vous me prenez au cœur, vous me faites du bien, je suis heureux, je dis : c'est beau. Voilà l'architecture. L'art est ici.

Ma maison est pratique. Merci, comme merci aux ingénieurs des chemins de fer et à la Compagnie des Téléphones. Vous n'avez pas touché mon cœur.

Mais les murs s'élèvent sur le ciel dans un ordre tel que j'en suis ému. Je sens vos intentions. Vous étiez doux, brutal, charmant ou digne. Vos pierres me le disent. Vous m'attachez à cette place et mes yeux regardent. Mes yeux regardent quelque chose qui énonce une pensée. Une pensée qui s'éclaire sans mots ni sons, mais uniquement par des prismes qui ont entre eux des rapports. Ces prismes sont tels que la lumière les détaille clairement. Ces rapports n'ont trait à rien de nécessairement pratique ou descriptif. Ils sont une création mathématique de votre esprit. Ils sont le langage de l'architecture. Avec des matériaux inertes, sur un programme plus ou moins utilitaire que vous *débordez*, vous avez établi des rapports qui m'ont ému. C'est l'architecture.

Rome est un paysage pittoresque. La lumière y est si belle qu'elle ratifie tout. Rome est un bazar où l'on vend de tout. Tous les ustensiles de la vie d'un peuple y sont demeurés, le jouet de l'enfance, les armes du guerrier, les défroques des autels, les bidets des Borgia, et les panaches des aventuriers. Dans Rome les laideurs sont légion.

Si l'on songe au Grec, on pense que le Romain avait un mauvais goût, le Romain-romain, le Jules II et le Victor-Emmanuel.

Rome antique s'écrasait dans des murs toujours trop étroits; une ville n'est pas belle qui s'entasse. Rome Renaissance eut des élans pompeux, disséminés aux quatre coins de la ville. Rome Victor-Emmanuel collectionne, étiquète, conserve et installe sa vie moderne dans les corridors de ce musée et se proclame « romaine » par le monument commémoratif à Victor-Emmanuel Ier, au centre de la ville, entre le Capitole et le Forum... quarante ans de travail, quelque chose de plus grand que tout, et en marbre blanc!

Décidément, tout s'entasse trop dans Rome.

LA PYRAMIDE DE CESTIUS, an 12 avant J.-C.

I

ROME ANTIQUE

Rome s'occupait de conquérir l'univers et de le gérer. Stratégie, ravitaillement, législation : esprit d'ordre. Pour administrer une grande maison d'affaires, on adopte des principes fondamentaux, simples, irrécusables. L'ordre romain est un ordre simple, catégorique. S'il est brutal, tant pis ou tant mieux.

Ils avaient d'immenses désirs de domination, d'organisation. Dans Rome-architecture, rien à faire, les murailles serraient trop, les maisons empilaient leurs étages sur dix hauteurs, vieux gratte-ciel. Le Forum devait être laid, un peu comme le bric-à-brac de la ville sainte de Delphes. Urbanisme, grands tracés? Rien à faire.

LE COLISÉE, an 80 après J.-C.

ARC DE CONSTANTIN, an 12 après J.-C.

INTÉRIEUR DU PANTHÉON, an 120 après J.-C.

Il faut aller voir Pompéi qui est émotionnant de rectitude. Ils avaient conquis la Grèce et, en bons barbares, ils avaient trouvé le corinthien plus beau que le dorique, parce que plus fleuri. En avant donc, les chapiteaux d'acanthe, les entablements décorés sans grande mesure, ni goût! Mais dessous, il y avait quelque chose de romain que nous allons voir. En somme, ils construisaient des châssis superbes, mais ils dessinaient des carrosseries déplorables comme les landaus de Louis XIV. Hors de Rome, ayant de l'air, ils ont fait la Villa Adriana. On y médite sur la grandeur romaine. Là, ils ont ordonné. C'est la première grande ordonnance occidentale. Si l'on évoque la Grèce à cette jauge, on dit : « le Grec était un sculpteur, rien de plus ». Mais attention, l'architecture n'est pas que d'ordonnance. L'ordonnance est une des prérogatives

LE PANTHÉON, an 120 après J.-C.

fondamentales de l'architecture. Se promener dans la Villa Adriana et se dire que la puissance moderne d'organisation qui est « romaine » n'a encore rien fait, quel tourment pour un homme qui se sent participer, complice, à cette ratée désarmante!

Il n'y avait pas de problème des régions dévastées, mais celui d'équiper les régions conquises; c'est tout comme. Alors ils ont inventé des procédés constructifs et ils en ont fait des choses impressionnantes, « romaines ». Le mot a un sens. Unité de procédé, force d'intention, classification des éléments. Les coupoles immenses, les tambours qui les retiennent, les berceaux imposants, tout ça tient avec le ciment romain et demeure un objet d'admiration. Ce furent de grands entrepreneurs.

Force d'intention, classification des éléments, c'est preuve d'une tournure d'esprit : stratégie, législation. L'architecture est sensible à ces intentions, *elle rend.* La lumière caresse les formes pures : *ça rend.* Les volumes simples développent d'immenses surfaces qui s'énoncent avec une variété caractéristique suivant qu'il s'agit de coupoles, de berceaux, de cylindres, de prismes rectangulaires ou de pyramides. Le décor des surfaces (baies) est du même groupe de géométrie. Panthéon, Colisée, aqueducs, pyramide de Cestius, arcs de triomphe, basilique de Constantin, thermes de Caracalla.

Pas de verbiage, ordonnance, idée unique, hardiesse et unité de construction, emploi des prismes élémentaires. Moralité saine.

Conservons, des Romains, la brique et le ciment romain et la pierre de travertin et vendons aux milliardaires le marbre romain. Les Romains n'y connaissaient rien en marbre.

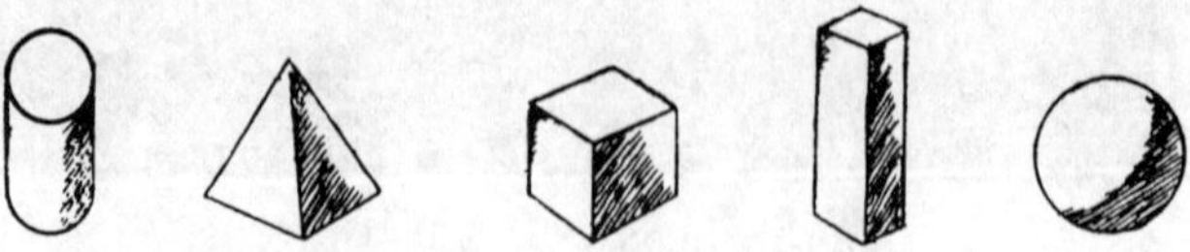

INTÉRIEUR DE SAINTE-MARIE DE COSMÉDIN

II

ROME BYZANTINE

Choc en retour de la Grèce, par Byzance. Cette fois, ce n'est pas l'ébahissement d'un primaire devant l'enchevêtrement fleuri d'une acanthe : des Grecs d'origine viennent bâtir Sainte-Marie de Cosmédin. Une Grèce bien loin de Phidias, mais qui en a conservé la graine, c'est-à-dire le sens des rapports, la mathématique grâce à laquelle la perfection devient accessible. Cette toute petite église de Sainte-Marie, église de gens misérables, proclame, dans Rome bruyamment luxueuse, le faste insigne de la mathématique, la puissance imbattable de la proportion, l'éloquence souveraine des rapports. Le motif n'est qu'une basilique, c'est-à-dire cette forme d'architecture avec laquelle on fait les granges, les hangars. Les murs sont du crépi de chaux. Il n'y a qu'une couleur, le blanc; force certaine puisque c'est l'absolu. Cette église minuscule vous cloue de respect. « Oh! » dites-vous, vous qui veniez de Saint-Pierre ou du Palatin ou du Colisée. MM. les sensuels de l'art, les animalistes de l'art, seront gênés par Sainte-Marie de Cos-

NEF DE SAINTE-MARIE DE COSMÉDIN, an 790 et 1120 après J.-C.

médin. Dire que cette église était dans Rome lorsque sévit la Grande Renaissance avec ses palais de dorures, d'horreurs!

La Grèce par Byzance, pure création de l'esprit. L'architecture n'est pas que d'ordonnance, de beaux prismes sous la lumière. Il est une chose qui nous ravit, c'est la mesure. Mesurer. Répartir en quantités rythmées, animées d'un souffle égal, faire passer partout le rapport unitaire et subtil, équilibrer, *résoudre l'équation*. Car, si l'expression bouscule lorsque l'on parle peinture, elle sied à l'architecture qui ne s'occupe d'aucune figuration, d'aucun élément touchant au visage de l'homme, l'architecture qui gère

CHAIRE DE SAINTE-MARIE DE COSMÉDIN

des *quantités*. Ces quantités font un amas de matériaux à pied d'œuvre; mesurées, entrées dans l'équation, elles font des rythmes, elles parlent chiffres, elles parlent rapport, elles parlent esprit.

Dans le silence d'équilibre de Sainte-Marie de Cosmédin, s'élève la rampe oblique d'une chaire, s'incline le livre de pierre d'un lutrin en une conjugaison silencieuse aussi comme un geste d'assentiment. Ces deux obliques modestes qui se conjuguent dans le rouage parfait d'une mécanique spirituelle, c'est la beauté pure et simple de l'architecture.

LES ABSIDES DE SAINT-PIERRE

III

MICHEL-ANGE

L'intelligence et la passion. Il n'est pas d'art sans émotion, pas d'émotion sans passion. Les pierres sont inertes, dormantes dans les carrières, et les absides de Saint-Pierre font un drame. Le drame est autour des œuvres décisives de l'humanité. Drame-architecture = homme de l'univers et dedans l'univers. Le Parthénon est pathétique, les pyramides d'Égypte, autrefois de granit

LES ABSIDES DE SAINT-PIERRE

poli et luisantes comme de l'acier, étaient pathétiques. Émettre des fluides, des orages, des brises douces sur plaine ou mer, dresser des alpes hautaines avec des cailloux qui font les murs de la maison d'un homme, c'est réussir des rapports concertés.

Tel homme, tel drame, telle architecture. Ne pas affirmer avec trop de certitude que les masses suscitent leur homme. Un *homme* est un phénomène exceptionnel qui se reproduit à longues étapes au hasard peut-être, peut-être suivant la fréquence d'une cosmographie à déterminer encore.

Michel-Ange est l'homme de nos derniers mille ans comme Phidias fut celui du précédent millénaire. La Renaissance n'a pas fait Michel-Ange, elle a fait un tas de bonshommes à talent.

L'œuvre de Michel-Ange est une *création*, non une renaissance, création qui domine les époques classées. Les absides de Saint-Pierre sont de style corinthien. Pensez-vous ! Voyez-les et songez à la Madeleine. Le Colisée a été vu par lui et ses heureuses mesures

ENTABLEMENT DES ABSIDES DE SAINT-PIERRE (exécuté par Michel-Ange).

retenues; les Thermes de Caracalla et la Basilique de Constantin lui ont montré les limites qu'il convenait de dépasser par une

Plan de Saint-Pierre, état actuel, on a prolongé la nef de toute la partie hachée. Michel-Ange voulait dire quelque chose, on a tout aboli.

PORTA PIA DE MICHEL-ANGE

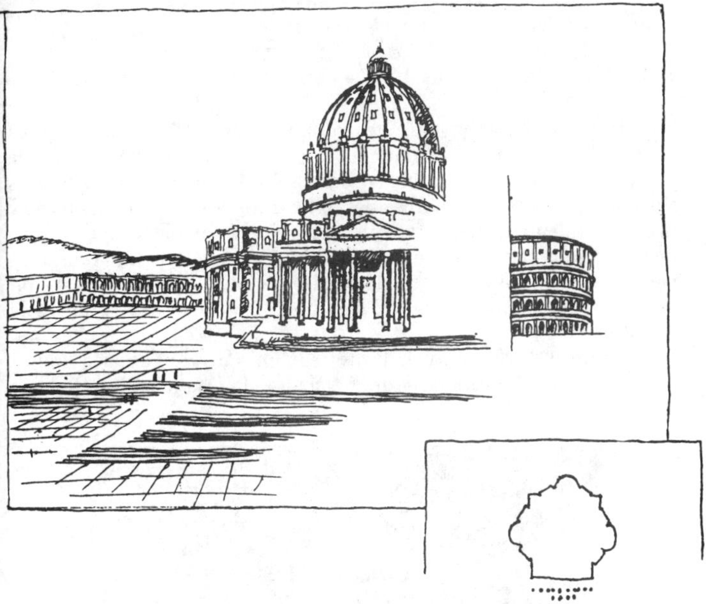

Saint-Pierre. Projet de Michel-Ange (1547-1564). Les dimensions sont considérables. Construire une telle coupole en pierre était un tour de force que peu osaient risquer. Saint-Pierre couvre 15.000 m² et Notre-Dame de Paris, 5.955; Sainte-Sophie de Constantinople, 6. 900 m². La coupole a 132 m. de haut, le diamètre aux absides, 150 m. L'ordonnance générale des absides et de l'attique est parente à celle du Colisée; les hauteurs sont les mêmes. Le projet avait une unité totale, il groupait les éléments les plus beaux et les plus opulents : le portique, les cylindres, les prismes carrés, le tambour, la coupole. La mouluration est la plus **passionnée** qui soit, âpre et pathétique. Tout s'élevait d'un bloc, unique, entier. L'œil le saisissait d'une fois, Michel-Ange réalisa les absides et le tambour de la coupole. Puis le reste tomba entre des mains barbares, tout fut anéanti. L'humanité perdit une des œuvres capitales de l'intelligence. Si l'on songe à Michel-Ange percevant le désastre, c'est un drame épouvantable qui se dévoile.

Place de Saint-Pierre, état actuel; du verbiage, des mots mal placés. La colonnade de Bernin est belle en soi. La façade est belle en soi, mais n'a rien à faire avec la coupole. Le but était la coupole, on l'a cachée! La coupole marchait avec les absides; on les a cachées. Le portique était en plein volume; on en a fait un placage de façade.

intention élevée. Dès lors, les rotondes, les rattrapées, les pans coupés, le tambour de la coupole, le portique hypostyle, géométrie gigantesque en rapports concordants. Puis recommencement des rythmes par des stylobates, des pilastres, des entablements aux profils totalement neufs. Puis des fenêtres et des niches qui recommencent le rythme encore une fois. La masse totale fait une nouveauté saisissante dans le dictionnaire de l'architecture; il est bon d'arrêter un instant sa réflexion sur ce coup de théâtre après le Quintocento.

Enfin, il devait y avoir l'intérieur qui eût été l'apogée monumentale d'une Sainte-Marie de Cosmédin; la Chapelle des Médicis,

FENÊTRE DES ABSIDES DE SAINT-PIERRE

à Florence, montre à quelle jauge eût été réalisée cette œuvre si bien préétablie. Or, des papes inconscients et inconsidérés ont congédié Michel-Ange; des malheureux ont tué Saint-Pierre, dedans et dehors; c'est tout bêtement devenu le Saint-Pierre d'aujourd'hui, de cardinal très riche et entreprenant, sans... *tout*. Perte immense. Une passion, une intelligence hors des normes, c'était une affirmation; c'est devenu tout tristement un « peut-être », un « apparemment », un « il se peut que », un « j'en doute ». Misérable faillite.

Puisque ce chapitre est intitulé *Architecture*, il était permis d'y parler de la passion d'un homme.

IV

ROME ET NOUS

Rome est un bazar en plein vent, pittoresque. Il y a toutes les

LA ROME DES HORREURS

1. Rome Renaissance, Château St-Ange.
2. Rome Renaissance, Galerie Colonna.
1. Rome moderne, Palais de Justice.
2. Rome Renaissance, Palais Barberini.

horreurs (voir les quatre reproductions accolées) et le mauvais goût de la Renaissance romaine. Cette Renaissance, nous la jugeons avec notre goût moderne qui nous en sépare par quatre grands siècles d'efforts, le XVIIe, le XVIIIe, le XIXe, le XXe.

Nous portons le bénéfice de cet effort, nous jugeons avec dureté, mais avec une clairvoyance motivée. Il manque à Rome assoupie après Michel-Ange ces quatre siècles. Remettant le pied dans Paris, nous reprenons conscience de la jauge.

La leçon de Rome est pour les sages, ceux qui savent et peuvent apprécier, ceux qui peuvent résister, qui peuvent contrôler. Rome est la perdition de ceux qui ne savent pas beaucoup. Mettre dans Rome des étudiants architectes, c'est les meurtrir pour la vie. Le Grand Prix de Rome et la Villa Médicis sont le cancer de l'architecture française.

Plan de la ville de Carlsruhe.

ARCHITECTURE

II

L'ILLUSION DES PLANS

Le plan procède du dedans au dehors ; l'extérieur est le résultat d'un intérieur.

Les éléments architecturaux sont la lumière et l'ombre, le mur et l'espace.

L'ordonnance, c'est la hiérarchie des buts, la classification des intentions.

L'homme voit les choses de l'architecture avec ses yeux qui sont à 1 m. 70 du sol. On ne peut compter qu'avec des buts accessibles à l'œil, qu'avec des intentions qui font état des éléments de l'architecture. Si l'on compte avec des intentions qui ne sont pas du langage de l'architecture, on aboutit à l'illusion des plans, on transgresse les règles du plan par faute de conception ou par inclination vers les vanités.

On met en œuvre de la pierre, du bois, du ciment; on en fait des maisons, des palais; c'est de la construction. L'ingéniosité travaille.

Mais, tout à coup, vous me prenez au cœur, vous me faites du bien, je suis heureux, je dis : c'est beau. Voilà l'architecture. L'art est ici.

Ma maison est pratique. Merci, comme merci aux ingénieurs des chemins de fer et à la Compagnie des Téléphones. Vous n'avez pas touché mon cœur.

Mais les murs s'élèvent sur le ciel dans un ordre tel que j'en suis ému. Je sens vos intentions. Vous étiez doux, brutal, charmant ou digne. Vos pierres me le disent. Vous m'attachez à cette place et mes yeux regardent. Mes yeux regardent quelque chose qui énonce une pensée. Une pensée qui s'éclaire sans mots ni sons, mais uniquement par des prismes qui ont entre eux des rapports. Ces prismes sont tels que la lumière les détaille clairement. Ces rapports n'ont trait à rien de nécessairement pratique ou descriptif. Ils sont une création mathématique de votre esprit. Ils sont le langage de l'architecture. Avec des matériaux inertes, sur un programme plus ou moins utilitaire que vous débordez, vous avez établi des rapports qui m'ont ému. C'est l'architecture.

Faire un plan, c'est préciser, fixer des idées.

C'est avoir eu des idées.

C'est ordonner ces idées pour qu'elles deviennent intelligibles, exécutables et transmissibles. Il faut donc manifester d'une intention précise, avoir eu des idées pour avoir pu se donner une intention. Un plan est en quelque sorte un concentré comme une table analytique des matières. Sous une forme si concentrée qu'il apparaît comme un cristal, comme une épure de géométrie, il contient une énorme quantité d'idées et une intention motrice.

Dans un grand établissement public, l'École des Beaux-Arts, on a étudié les principes du bon plan, puis au cours des ans, on a fixé des dogmes, des recettes, des trucs. Un enseignement de début utile est devenu une pratique périlleuse. De l'idée intérieure, on a fait quelques signes consacrés extérieurs, des aspects. Le plan, faisceau d'idées et intention intégrée dans ce faisceau d'idées, est devenu un feuillet de papier où des points noirs qui sont les murs, et des traits qui sont des axes, jouent à la mosaïque, au panneau décoratif, font des graphiques aux étoiles étincelantes, provoquent l'illusion d'optique. La plus belle étoile devient Grand Prix de Rome. Or, le plan est le générateur, « le plan est la détermination de tout; c'est une austère abstraction, une algébrisation aride au regard ». C'est un plan de bataille. La bataille suit et c'est le grand moment. La bataille est faite du choc des volumes dans l'espace et le moral de la troupe, c'est le faisceau d'idées préexistantes et l'intention motrice. Sans bon plan rien n'existe, tout est fragile et ne dure pas, tout est pauvre même sous le fatras de l'opulence.

Le plan implique, dès le début, les procédés de construction; l'architecte est tout d'abord ingénieur. Mais restreignons la question à l'architecture, cette chose qui dure à travers le temps. Me plaçant à ce point de vue exclusivement, je commencerai en attirant l'attention sur ce fait capital : un plan procède *du dedans au dehors*, car la maison ou le palais sont un organisme semblable à tout être vivant. Je parlerai des *éléments* architecturaux de l'intérieur. Je passerai à l'*ordonnance*. Considérant l'effet d'une architecture dans un site, je montrerai qu'ici encore le *dehors* est toujours un *dedans*. Avec les quelques bases dont l'énoncé sera éclairé par les figures, je pourrai montrer l'*illusion des plans*, cette illusion qui tue l'architecture, leurre les esprits et crée les malhonnêtetés de l'architecture, par la transgression des vérités irrécusables, suite de fausses conceptions ou fruit de la vanité.

UN PLAN PROCÈDE DU DEDANS AU DEHORS

Un édifice est comme une bulle de savon. Cette bulle est parfaite et harmonieuse si le souffle est bien réparti, bien réglé de l'intérieur. L'extérieur est le résultat d'un intérieur.

A Brousse, en Asie Mineure, à la MOSQUÉE VERTE, on entre par une petite porte à échelle humaine; un tout petit vestibule opère en vous le changement d'échelle qu'il faut pour apprécier, après les dimensions de la rue et du site d'où vous venez, les dimensions dont on entend vous impressionner. Alors vous ressentez la grandeur de la Mosquée et vos yeux mesurent. Vous êtes dans un grand espace blanc de marbre, inondé de lumière. Au delà se présente un second espace semblable et de mêmes dimensions, plein

FIG. 1. — Suléimanié à Stamboul.

Fig. 2. — Plan de la Mosquée verte à Brousse.

de pénombre et surélevé de quelques marches (répétition en mineur); de chaque côté, deux espaces de pénombre encore plus petits; vous vous retournez, deux espaces d'ombre tout petits. De la pleine lumière à l'ombre, un rythme. Des portes minuscules et des baies très vastes. Vous êtes pris, vous avez perdu le sens de l'échelle commune. Vous êtes assujetti par un rythme sensoriel (la lumière et le volume) et par des mesures habiles, à un monde en soi qui vous dit ce qu'il a tenu à vous dire. Quelle émotion, quelle foi? Ça, c'est l'intention motrice. Le faisceau d'idées, ce sont les moyens qu'on a employés (fig. 2). Conséquences : à Brousse comme à Sainte-Sophie de Constantinople, comme à Suléimanié de Stamboul, l'extérieur résulte (fig. 1 et 2 *bis*).

Fig. 2 *bis*. — Sainte-Sophie de Constantinople.

FIG. 3. — Casa del Noce, le Caveidium, Pompéi.

CASA DEL NOCE, à Pompéi. Aussi le petit vestibule qui enlève de votre esprit la rue. Et vous voilà dans le Caveidium (atrium); quatre colonnes au milieu (quatre *cylindres*) élèvent d'un jet vers l'ombre de la toiture, sensation de force et témoi-

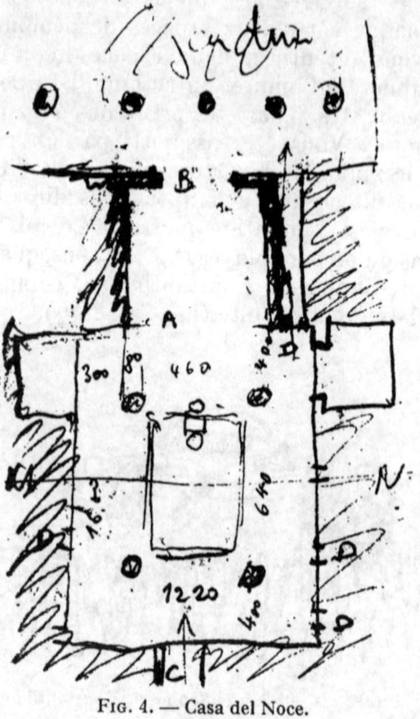

FIG. 4. — Casa del Noce.

gnage de moyens puissants; mais au fond, l'éclat du jardin vu à travers le péristyle qui étale d'un geste large cette lumière, la distribue, la signale, s'étendant loin à gauche et à droite, faisant un grand espace. Entre deux, le tablium resserrant cette vision comme l'oculaire d'un appareil. A droite, à gauche, deux espaces d'ombre, petits. De la rue de tout le monde et grouillante, pleine d'accidents pittoresques, vous êtes entré chez *un Romain*. La grandeur magistrale, l'ordre, l'ampleur magnifique : vous êtes chez *un Romain*. A quoi servaient ces pièces? C'est en dehors de la question. Après vingt siècles, sans allusions historiques, vous sentez l'architecture et tout cela est en réalité une très petite maison (fig. 3 et 4).

LES ÉLÉMENTS ARCHITECTURAUX DE L'INTÉRIEUR

On dispose de murs droits, d'un sol qui s'étend, de trous qui sont des passages d'homme ou de lumière, portes ou fenêtres. Les trous éclairent ou font noir, rendent gai ou triste. Les murs sont éclatants de lumière, ou en pénombre ou en ombre, rendent

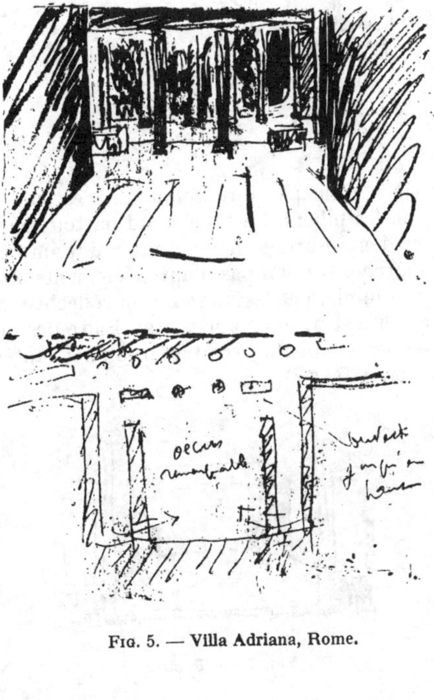

FIG. 5. — Villa Adriana, Rome.

gai, serein ou triste. Votre symphonie est apprêtée. L'architecture a pour but de rendre gai ou serein. Ayez le respect des murs. Le Pompéien ne troue pas ses murs; il a la dévotion des murs, l'amour de la lumière. La lumière est intense si elle est entre des murs qui la réfléchissent. L'Ancien faisait des murs, des murs qui s'étendent et se raccordent pour agrandir encore le mur. Ainsi il créait des volumes, base de la sensation architecturale, sensation sensorielle. La lumière éclate en intention formelle à l'un des bouts et éclaire les murs. La lumière étend son *impression* au dehors par

FIG. 6. — Villa Adriana, Rome.

les cylindres (je n'aime pas dire colonnes, c'est un mot abîmé), des péristyles ou les piliers. Le sol s'étend partout où il peut, uniforme, sans accident. Parfois, pour ajouter une impression, le sol s'élève d'une marche. Il n'y a pas d'autres éléments architecturaux de l'intérieur : la lumière et les murs qui la réfléchissent en grande nappe et le sol qui est un mur horizontal. Faire des murs éclairés, c'est constituer les éléments architecturaux de l'intérieur. Reste la proportion (fig. 5, 6 et 7).

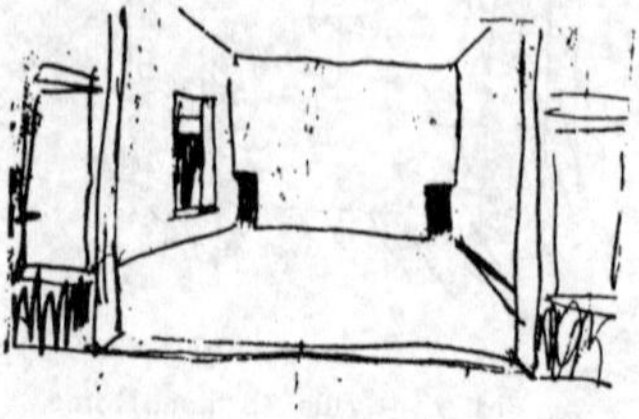

FIG. 7. — Pompéi.

L'ORDONNANCE

L'axe est peut-être la première manifestation humaine; il est le moyen de tout acte humain. L'enfant qui titube tend à l'axe, l'homme qui lutte dans la tempête de la vie se trace un axe. L'axe est le metteur en ordre de l'architecture. Faire de l'ordre, c'est commencer une œuvre. L'architecture s'établit sur des axes. Les axes de l'École des Beaux-Arts sont la calamité de l'architecture. L'axe est une ligne de conduite vers un but. En architecture, il faut un but à l'axe. A l'École on l'a oublié et les axes se croisent en étoiles, tous vers l'infini, l'indéfini, l'inconnu, le rien, sans but. L'axe de l'École est une recette, un truc (1).

L'ordonnance est la hiérarchie des axes, donc la hiérarchie des buts, la classification des intentions.

Donc l'architecte assigne des buts à ses axes. Ces buts, c'est le mur (le plein, sensation sensorielle) ou la lumière, l'espace (sensation sensorielle).

Dans la réalité, les axes ne se perçoivent pas à vol d'oiseau comme le montre le plan sur la planche à dessin, mais sur le sol, l'homme étant debout et regardant devant lui. L'œil voit loin et, objectif imperturbable, voit tout, même au delà des intentions et des volontés. L'axe de l'Acropole va du Pirée au Pentélique, de la mer à la montagne. Des Propylées, perpendiculaire à l'axe, au loin à l'horizon, la mer. Horizontale perpendiculaire à la direction que vous a imprimée l'architecture où vous êtes, perception orthogonale qui compte. Haute architecture : l'Acropole étend ses effets jusqu'à l'horizon. Des Propylées dans l'autre sens, la statue colossale d'Athéna, dans l'axe, et le Pentélique au fond. Ça compte. Et parce qu'ils sont hors de cet axe violent, le Parthénon à droite et l'Erechthéion à gauche, *vous avez la chance de les voir* de trois quarts, dans leur physionomie totale. Il ne faut pas mettre les choses de l'architecture toutes sur des axes, car elles seraient comme autant de personnes qui parlent à la fois (fig. 8).

(1) C'est même tellement un truc qu'on les dessine sur le papier pour qu'ils fassent l'étoile, comme le paon la roue.

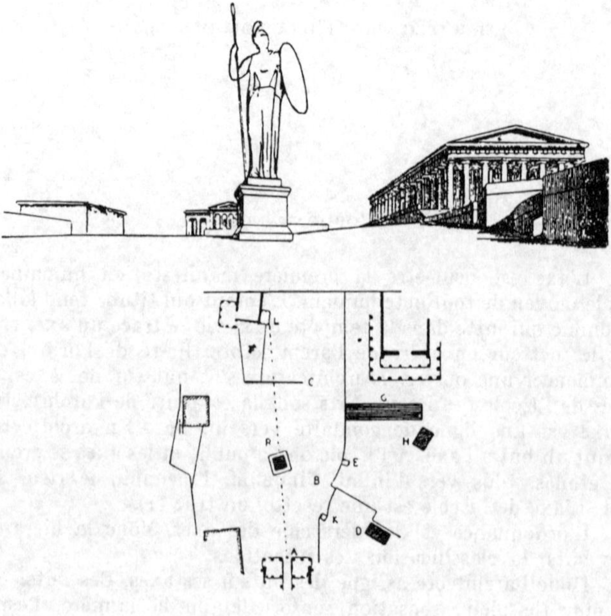

Fig. 8. — L'Acropole d'Athènes.

FORUM DE POMPÉI : L'ordonnance est la hiérarchie des buts, la classification des intentions. Le plan du Forum contient

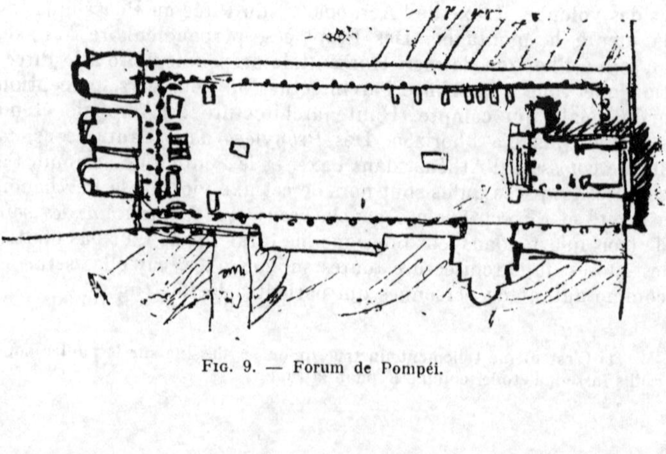

Fig. 9. — Forum de Pompéi.

beaucoup d'axes, mais il n'obtiendra jamais une troisième médaille aux Beaux-Arts; il serait refusé, il ne fait pas l'étoile! C'est une joie de l'esprit de regarder un tel plan, de se promener dans le Forum (fig. 9).

Et voici DANS LA MAISON DU POÈTE TRAGIQUE les subtilités d'un art consommé. Tout est axé mais vous y passeriez

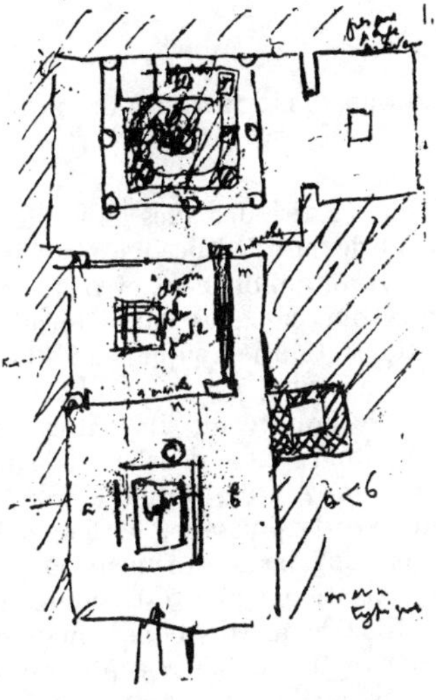

Fig. 10. — Maison du Poète Tragique, Pompéi.

difficilement une ligne droite. L'axe est dans les intentions et le faste donné par l'axe s'étend aux choses humbles que celui-ci intéresse d'un geste habile (les corridors, le passage principal, etc.), par les illusions d'optique. L'axe n'est pas ici une sécheresse théorique; il lie des volumes capitaux et nettement écrits et différenciés les uns des autres. Quand vous visitez la Maison du Poète Tragique, vous constatez que tout est en ordre. Mais la sensation est riche. Vous observez alors des désaxements habiles qui donnent l'intensité aux volumes : le motif central du pavé est repoussé en arrière du milieu de la pièce; le puits de l'entrée est sur le côté du bassin. La fontaine, au fond, est à l'angle du jardin. Un objet mis au centre d'une pièce tue souvent cette pièce car il vous empêche de vous placer au centre de la pièce et d'avoir la vue axiale; un monument au milieu d'une place tue souvent la place et les immeubles qui la bordent, — souvent, mais pas toujours; c'est un cas d'espèce qui a chaque fois ses raisons.

L'ordonnance est la hiérarchie des axes, donc la hiérarchie des buts, la classification des intentions (fig. 10).

LE DEHORS EST TOUJOURS UN DEDANS

Quand, à l'École, on tire des axes en étoile, on s'imagine que le spectateur arrivant devant l'édifice n'est sensible qu'à cet édifice et que son œil s'en va infailliblement et reste exclusivement rivé au centre de gravité que ces axes ont déterminé. L'œil humain, dans ses investigations, tourne toujours et l'homme tourne toujours aussi à gauche, à droite, pirouette. Il s'attache à tout et est attiré par le centre de gravité du site entier. D'un coup le problème s'étend à l'entour. Les maisons voisines, la montagne lointaine ou proche, l'horizon bas ou haut, sont des masses formidables qui agissent avec la puissance de leur cube. Le cube d'aspect et le cube réel sont instantanément jaugés, pressentis par l'intelligence. La sensation cube est immédiate, primordiale; votre édifice cube 100.000 mètres cubes, mais ce qui est autour cube des millions de mètres cubes, ce qui compte. Puis vient la sensation densité : un pierrier, un arbre, une colline sont moins forts, de densité plus faible qu'un agencement géométrique de formes. Le marbre est plus dense à l'œil et à l'esprit que du bois et ainsi de suite. Hiérarchie toujours.

En résumé, dans les spectacles architecturaux, les éléments du site interviennent en vertu de leur cube, de leur densité, de la qualité de leur matière, porteurs de sensations bien définies et bien différentes (bois, marbre, arbre, gazon, horizons bleus, mer proche ou lointaine, ciel). Les éléments du site se dressent comme des murs affublés en puissance de leur coefficient « cube », stratification, matière, etc., comme les murs d'une salle. Murs et lumière, ombre ou lumière, triste, gai ou serein, etc. Il faut composer avec ces éléments :

A L'ACROPOLE D'ATHÈNES, les temples qui s'inclinent les uns vers les autres pour faire un giron que l'œil embrasse bien

Fig. 11. — Propylées et Temple de la Victoire Aptère.

(fig. 11). La mer qui compose avec les architraves (fig. 12), etc. Composer avec les infinies ressources d'un art plein de richesses périlleuses qui ne font de la beauté que lorsqu'elles sont en ordre :

Fig. 12. — Les Propylées.

FIG. 13. — Villa Adriana, Rome.

A la VILLA ADRIANA, des sols aux niveaux établis en concordance avec la plaine romaine (fig. 13); des montagnes qui calent la composition, établie du reste sur elles (fig. 14).

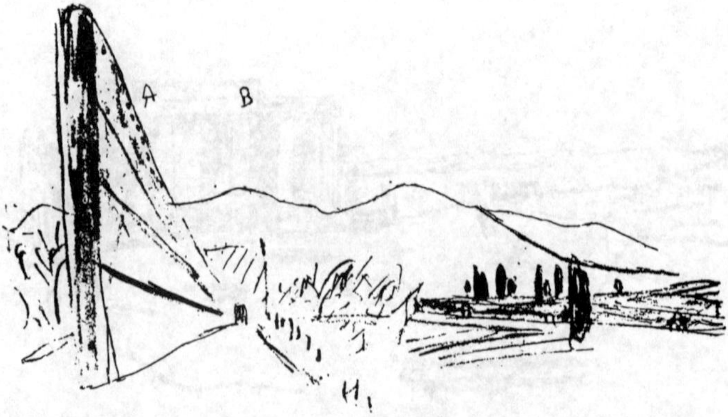

FIG. 14. — Villa Adriana, Rome.

FIG. 15. — Forum de Pompéi.

Au FORUM DE POMPÉI, avec des vues de chacun des édifices sur l'ensemble, sur tel détail, groupement d'intérêts constamment renouvelés (fig. 9 et 15).

Etc. Etc.

TRANSGRESSION

Dans ce que je vais montrer, on n'a pas tenu compte qu'un plan agit du dedans au dehors, on n'a pas composé avec des volumes animés d'un souffle unique bien réglé, conformément à un but qui était l'intention motrice de l'œuvre, ce but que chacun pourrait ensuite constater avec ses yeux. On n'a pas compté avec les éléments architecturaux de l'intérieur qui sont des surfaces qui se joignent pour recevoir la lumière et accuser des volumes. On n'a pas pensé en espace, mais on a fait des étoiles sur du papier, tiré des axes qui faisaient l'étoile. On a compté avec des intentions qui n'étaient pas du langage de l'architecture. On a transgressé les règles du plan par une erreur de conception ou par une inclinaison vers les vanités.

SAINT-PIERRE DE ROME : Michel-Ange faisait une cou-

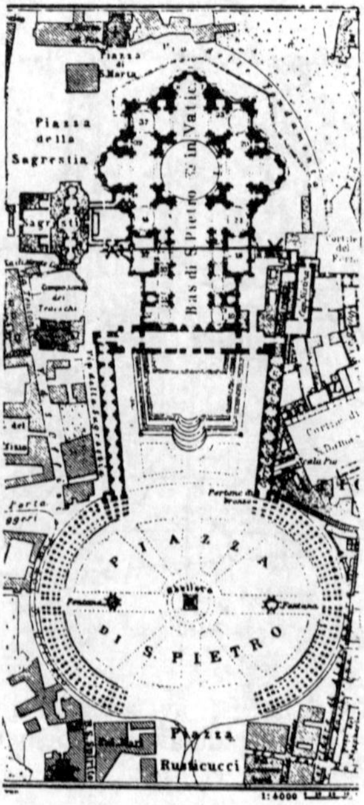

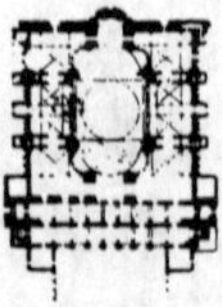

Sainte-Sophie de Constantinople.

Fig. 16. — Saint-Pierre de Rome.

Le trait au travers de la troisième travée de la basilique indique l'endroit où Michel-Ange projetait sa façade (voir la conception de Michel-Ange au chapitre précédent).

pole énorme dépassant tout ce qui s'était présenté à l'œil jusque-là ; le portique franchi, on était sous l'immense coupole. Mais les papes ont ajouté trois travées au-devant et un grand vestibule. L'idée est détruite. Il faut parcourir maintenant un tunnel de 100 mètres avant d'arriver à la coupole ; deux volumes équivalents se combattent ; le bénéfice de l'architecture est perdu (avec le décor d'une vanité grossière, la faute primordiale est amplifiée démesurément et Saint-Pierre demeure une énigme pour un architecte). Sainte-Sophie de Constantinople triomphe avec une superficie de 7.000 mètres carrés, alors que Saint-Pierre en couvre 15.000 (fig. 16).

VERSAILLES : Louis XIV n'est plus le successeur de

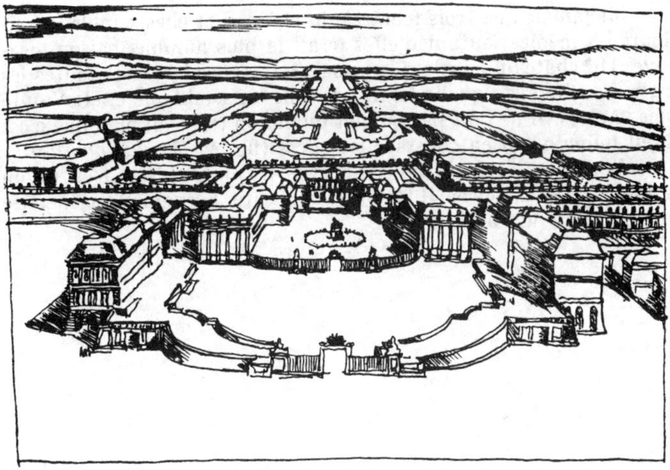

FIG. 17. — Versailles, d'après un dessin de l'époque.

Louis XIII. C'est le ROI-SOLEIL. Vanité immense. Au pied du trône, ses architectes lui apportent des plans vus à vol d'oiseau qui semblent une carte des astres; axes immenses, étoiles. Le Roi-Soleil se gonfle d'orgueil; les travaux gigantesques s'exécutent. Mais un homme n'a que deux yeux à 1 m. 70 du sol, et qui ne fixent qu'un point à la fois. Les bras des étoiles ne sont visibles que l'un après l'autre et c'est une droite sous une frondaison. Une droite n'est pas une étoile; les étoiles s'effondrent. Et tout ainsi de suite : le grand bassin, les parterres de broderies qui sont hors d'une vision d'ensemble, les bâtiments qu'on ne voit que par fragments et en se déplaçant. C'est le leurre, l'illusion. Louis XIV s'est trompé sous sa propre instigation. Il a transgressé les vérités de l'architecture car il n'a pas procédé avec les éléments objectifs de l'architecture (fig. 17).

Et un petit prince de grand-duché, courtisan, avec tant d'autres, de la gloire du Roi-Soleil, traça la ville de CARLSRUHE qui est le plus lamentable échec d'une intention, le knock-out parfait. L'étoile reste seule sur le papier, maigre consolation. Illusion. Illusion des beaux plans. De tous les coins de la ville on ne voit jamais que trois fenêtres du château et elles semblent toujours les mêmes; autant d'effet ferait la plus humble maison locative. Du château, on n'enfile jamais qu'une seule rue et toutes les rues de n'importe quelle bourgade font un semblable effet. Vanité des vanités. Il ne faut pas oublier quand on trace un plan que c'est l'œil humain qui en constate les effets (fig. *en tête du chapitre*).

Lorsqu'on passe de la construction à l'architecture, c'est qu'on a une intention élevée. Il faut fuir la vanité. La vanité est la cause des vanités de l'architecture.

Parthénon.

ARCHITECTURE

III

PURE CRÉATION DE L'ESPRIT

La modénature est la pierre de touche de l'architecte. Celui-ci se révèle artiste ou simplement ingénieur.

La modénature est libre de toute contrainte.

Il ne s'agit plus ni d'usages, ni de traditions, ni de procédés constructifs, ni d'adaptations à des besoins utilitaires.

La modénature est une pure création de l'esprit : elle appelle le plasticien.

On met en œuvre de la pierre, du bois, du ciment; on en fait des maisons, des palais; c'est de la construction. L'ingéniosité travaille.

Mais, tout à coup, vous me prenez au cœur, vous me faites du bien, je suis heureux, je dis : c'est beau. Voilà l'architecture. L'art est ici.

Ma maison est pratique. Merci, comme merci aux ingénieurs des chemins de fer et à la Compagnie des Téléphones. Vous n'avez pas touché mon cœur.

Mais les murs s'élèvent sur le ciel dans un ordre tel que j'en suis ému. Je sens vos intentions. Vous étiez doux, brutal, charmant ou digne. Vos pierres me le disent. Vous m'attachez à cette place et mes yeux regardent. Mes yeux regardent quelque chose qui énonce une pensée. Une pensée qui s'éclaire sans mots ni sons, mais uniquement par des prismes qui ont entre eux des rapports. Ces prismes sont tels que la lumière les détaille clairement. Ces rapports n'ont trait à rien de nécessairement pratique ou descriptif. Ils sont une création mathématique de votre esprit. Ils sont le langage de l'architecture. Avec des matériaux bruts, sur un programme plus ou moins utilitaire que vous débordez, vous avez établi des rapports qui m'ont ému. C'est l'architecture.

Ce qui distingue un beau visage, c'est la qualité des traits et une valeur toute particulière des rapports qui les unissent. Le type du visage appartient à tout individu : nez, bouche, front, etc., ainsi qu'une proportion moyenne entre ces éléments. Il y a des millions de visages construits sur ces types essentiels; pourtant tous sont différents : variation de qualité des traits et variation des rapports qui les unissent. On dit qu'un visage est beau lorsque la précision du modelage et la disposition des traits révèlent des proportions qu'on *sent harmonieuses* parce qu'elles provoquent au fond de nous, par delà nos sens, une résonance, sorte de table d'harmonie qui se met à vibrer. Trace d'absolu indéfinissable préexistant au fond de notre être.

Cette table d'harmonie qui vibre en nous est notre critérium de l'harmonie. Ce doit être cet axe sur lequel l'homme est organisé, en accord parfait avec la nature et, probablement, l'univers, cet axe d'organisation qui doit être le même que celui sur lequel s'alignent tous les phénomènes ou tous les objets de la nature; cet

PARTHÉNON. — On a dressé sur l'Acropole des temples qui sont d'une seule pensée et qui ont ramassé autour d'eux le paysage désolé et l'ont assujetti à la composition. Alors, de tous les bords de l'horizon, la pensée est unique. C'est pour cela qu'il n'existe pas d'autres œuvres de l'architecture qui aient cette grandeur. On peut parler « dorique » lorsque l'homme, par la hauteur de ses vues et par le sacrifice complet de l'accident, a atteint la région supérieure de l'esprit : l'austérité.

Portique intérieur des Propylées. Le système plastique s'énonce, dans l'unité.

PROPYLÉES. — L'émotion naît de quoi? D'un certain rapport entre des éléments catégoriques : cylindres, sol poli, murs polis. D'une concordance avec les choses du site. D'un système plastique qui étend ses effets sur chaque partie de la composition. D'une unité d'idée allant de l'unité de matières jusqu'à l'unité de la modénature.

PROPYLÉES. — L'émotion naît de l'unité d'intention. De la fermeté impassible qui a taillé le marbre avec la volonté d'aller au plus pur, au plus décanté, au plus économique. On a sacrifié, nettoyé, jusqu'au moment où il ne fallait plus rien enlever, ne laisser que ces choses, concises et violentes, sonnant clair et tragique comme des trompes d'airain.

Erechthéion. — On a eu un attendrissement et on a fait de l'ionique ; mais le Parthénon dictait leurs formes aux cariatides.

PARTHÉNON. — Les exégètes poètes ont déclaré que la colonne dorique est inspirée d'un arbre qui jaillit du sol, sans base, etc., etc., preuve que toute forme d'art belle est tirée de la nature. C'est archifaux, puisque l'arbre au tronc droit est inconnu en Grèce où ne poussent que des pins rabougris et des oliviers tordus. *Les Grecs ont créé un système plastique actionnant directement et puissamment nos sens :* colonnes, cannelures des colonnes, entablement complexe et lourd d'intentions, gradins qui contrastent et qui lient à l'horizon. Ils ont appliqué les plus savantes déformations, apportant à la modénature une adaptation impeccable aux lois de l'optique.

axe nous conduit à supposer une unité de gestion dans l'univers, à admettre une volonté unique à l'origine. Les lois de la physique seraient consécutives à cet axe, et si nous reconnaissons (et aimons) la science et ses œuvres, c'est que les unes et l'autre nous laissent admettre qu'elles sont prescrites par cette volonté première. Si les résultats du calcul nous paraissent satisfaisants et harmonieux, c'est qu'ils viennent de l'axe. Si, par le calcul, l'avion prend l'aspect d'un poisson, d'un objet de la nature, c'est qu'il retrouve l'axe. Si la pirogue, l'instrument de musique, la turbine, résultats de l'expérimentation et du calcul, nous apparaissent comme des phénomènes « organisés », c'est-à-dire porteurs d'une certaine vie,

PARTHÉNON. — Il faut bien se mettre en tête que le dorique ne poussait pas dans les prairies avec les asphodèles, et que c'est une pure création de l'esprit. Le système plastique en est si pur qu'on a la sensation du naturel. Mais, attention, c'est une œuvre totale de l'homme, qui nous donne la pleine perception d'une harmonie profonde. Les formes sont si dégagées des aspects de la nature (et quelle supériorité sur l'égyptien ou le gothique), elles sont si bien étudiées avec des raisons de lumière et de matières, qu'elles apparaissent comme liées au ciel, comme liées au sol, naturellement. Cela crée un fait aussi naturel à notre entendement que le fait « mer » et le fait « montagne ». Quelles sont les œuvres de l'homme qui ont atteint ce degré ?

c'est qu'ils sont alignés sur l'axe. De là, une définition possible de l'harmonie : moment de concordance avec l'axe qui est en l'homme, donc avec les lois de l'univers — retour à l'ordre général. Ceci donnerait une explication des causes de satisfaction à la vue de certains objets, satisfaction qui rallie à chaque instant une unanimité effective.

Si l'on s'arrête devant le Parthénon, c'est qu'à sa vue la corde interne sonne; l'axe est touché. On ne s'arrête pas devant

PARTHÉNON. — Système plastique.

PARTHÉNON. — Voici la machine à émouvoir. Nous entrons dans l'implacable de la mécanique. Il n'est pas de symboles attachés à ces formes; ces formes provoquent des sensations catégoriques; plus besoin d'une clé pour comprendre. Du brutal, de l'intense, du plus doux, du très fin, du très fort. Et qui a trouvé la composition de ces éléments? Un inventeur génial. Ces cailloux étaient inertes dans les carrières du Pentélique, informes. Pour les grouper ainsi, il ne fallait pas être ingénieur; il fallait être un grand sculpteur.

PROPYLÉES. — Les choses se précisent, les moulures se tendent, les rapports s'établissent entre les filets du chapiteau, l'abaque et les plates-bandes de l'architrave.

la Madeleine, qui comprend, comme le Parthénon, gradins, colonnes et frontons (mêmes éléments primaires) parce qu'au delà des sensations brutales, la Madeleine ne va pas toucher notre axe; nous ne sentons pas l'harmonie profonde, nous ne sommes pas cloués sur place par cette reconnaissance.

Les objets de la nature et les œuvres du calcul sont nettement formés; leur organisation est sans ambiguïté. C'est parce *qu'on voit bien*, qu'on peut lire, savoir, et ressentir l'accord. Je retiens : il faut dans l'œuvre d'art *formuler nettement.*

Si les objets de la nature *vivent*, et si les œuvres du calcul *tournent* et fournissent du travail, c'est qu'une unité d'intention motrice les anime. Je retiens : il faut une unité motrice à l'œuvre d'art.

Si les objets de la nature et les œuvres du calcul fixent notre attention, éveillent notre intérêt, c'est qu'ils ont, les uns et les

PARTHÉNON. — La fraction de millimètre intervient. La courbe de l'échine est aussi raisonnable que celle d'un gros obus. Les annelets sont à quinze mètres du sol, mais ils comptent bien plus que les corbeilles d'acanthes du corinthien. L'état d'esprit corinthien ou l'état d'esprit dorique, c'est deux. Un fait moral crée un gouffre entre eux.

autres, une attitude fondamentale qui les caractérise. Je retiens : il faut un caractère dans l'œuvre d'art.

Nettement formuler, animer d'une unité l'œuvre, lui donner une attitude fondamentale, un caractère : pure création de l'esprit.

On l'admet pour la peinture et la musique; mais on rabaisse l'architecture à ses causes utilitaires : boudoirs, w.-c., radiateurs, ciment armé, ou voûtes en berceaux ou arcs ogifs, etc., etc. Ceci est de construction, ceci n'est pas d'architecture. L'architecture, c'est quand il y a émotion poétique. L'architecture est chose de plastique. La plastique, c'est ce qu'on voit et ce qu'on mesure par les yeux. Il va de soi que si la toiture coulait, que si le chauffage ne fonctionnait pas, que si les murs se lézardaient, les joies de l'architecture seraient fortement gênées; de même, un monsieur qui écouterait une symphonie assis sur une pelote d'épingles ou dans le courant d'air d'une porte.

Presque toutes les périodes d'architecture ont été liées à des

Ceci est un moulage magnifique sur nature, qui se trouve à l'école des Beaux-Arts. L'influence des éducateurs est telle, au quai Voltaire, que le Grand Palais prévaut auprès des élèves.

recherches constructives. On en a souvent conclu : l'architecture, c'est la construction. Il se peut que l'effort fourni par les architectes ait été canalisé principalement sur les problèmes constructifs d'alors; ce n'est pas une raison pour confondre. Il est certain que l'architecte doit posséder sa construction au moins aussi exactement que le penseur possède sa grammaire. Mais la construction étant une science autrement plus difficile et complexe

PARTHÉNON. — La fraction de millimètre intervient. Il y a beaucoup d'éléments de moulures, mais c'est classé en faveur de la force. Déformations étonnantes : les bandeaux s'incurvent ou se penchent sur la verticale pour s'offrir mieux à l'œil. Des traits gravés arrêtent, dans la pénombre, des ombres qui seraient indécises.

que la grammaire, les efforts de l'architecte y demeurent longuement attachés; ils ne doivent pas s'y immobiliser.

Le plan de la maison, son cube et ses surfaces ont été déterminés, en partie, par les données utilitaires du problème et, en partie, par l'imagination, la création plastique. Déjà, dans son plan, et par conséquent dans tout ce qui s'élève dans l'espace, l'architecte a été plasticien; il a discipliné les revendications utilitaires en vertu d'un but plastique qu'il poursuivait; *il a composé*.

Alors est venu ce moment où il fallait graver les *traits du visage*. Il a fait jouer la lumière et l'ombre à l'appui de ce qu'il

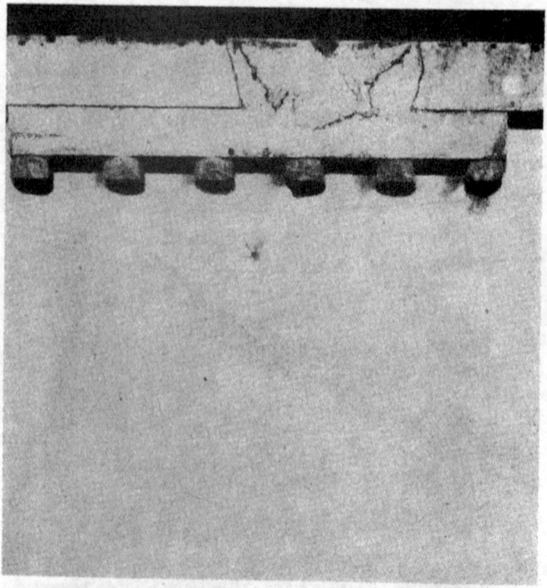

PARTHÉNON. — Toute cette mécanique de la plastique est réalisée sur le marbre avec la rigueur que nous avons appris à pratiquer dans la machine. Impression d'acier décolleté et poli.

voulait dire. La modénature est intervenue. Et la modénature est libre de toute contrainte; elle est une invention totale qui rend un visage radieux ou le fane. A la modénature, on reconnaît le plasticien; l'ingénieur s'efface, le sculpteur travaille. La modénature est la pierre de touche de l'architecte; avec la modénature, il est mis au pied du mur : être plasticien ou ne pas l'être. L'architecture est le jeu, savant, correct et magnifique des volumes sous la lumière; la modénature est encore et exclusivement le jeu savant, correct et magnifique des volumes sous la lumière. La modénature laisse tomber l'homme pratique, l'homme hardi, l'homme ingénieux; elle en appelle au plasticien.

La Grèce, et, en Grèce, le Parthénon ont marqué le sommet de cette pure création de l'esprit : la modénature.

PARTHÉNON. — Austérité des profils. Moralité dorique.

On mesure qu'il ne s'agit plus d'usages, ni de traditions, ni de procédés constructifs, ni d'adaptations à des besoins utilitaires. Il s'agit de l'invention pure, personnelle au point qu'elle est celle d'un homme; Phidias a fait le Parthénon, car Ictinos et Callicrate, les architectes officiels du Parthénon, ont fait d'autres temples doriques qui nous paraissent froids et assez indifférents. La passion, la générosité, la grandeur d'âme, autant de vertus qui sont inscrites dans les géométries de la modénature, quantités agencées dans des rapports précis. Le Parthénon, c'est Phidias qui l'a fait, Phidias le grand sculpteur.

Il n'existe rien d'équivalent dans l'architecture de toute la terre et de tous les temps. C'est le moment le plus aigu où

PARTHÉNON. — Le courage des moulures carrées.

un homme, agité par les plus nobles pensées, les a cristallisées en une plastique de lumière et d'ombre. La modénature du Parthénon est infaillible, implacable. Sa rigueur dépasse nos habitudes et les possibilités normales de l'homme. Ici se fixe le plus pur témoignage de la physiologie des sensations et de la spéculation mathématique qui peut s'y rattacher; on est rivé par les sens; on est ravi par l'esprit; on touche l'axe d'harmonie. Il n'est point question de dogmes religieux, de description symbolique, de figurations naturelles : ce sont des formes pures dans des rapports précis, exclusivement.

Depuis deux mille ans, ceux qui ont vu le Parthénon ont senti qu'il y avait là un moment décisif de l'architecture.

On est devant un moment décisif. Dans la période présente où les arts tâtonnent et où, par exemple, la peinture, trouvant petit à petit les formules d'une saine expression, heurte si violemment le spectateur, le Parthénon apporte des certitudes : l'émotion supérieure, d'ordre mathématique. L'art, c'est la poésie : l'émotion des sens, la joie de l'esprit qui mesure et apprécie, la reconnaissance d'un principe axial qui affecte le fonds de notre être. L'art,

PARTHÉNON. — Le courage des moulures carrées, austérité, esprit hautain.

c'est cette pure création de l'esprit qui nous montre, à certains sommets, le sommet des *créations* que l'homme est capable d'atteindre. Et l'homme ressent un grand bonheur *à se sentir créer.*

NOTA. — Les clichés qui illustrent ce chapitre proviennent de l'ouvrage *Le Parthénon,* par Collignon, paru aux Éditions Albert Morancé, 30 et 32, rue de Fleurus, Paris, et de l'ouvrage *L'Acropole* paraissant actuellement aux mêmes éditions. Ces deux magnifiques ouvrages, documents véritablement précis du Parthénon et de l'Acropole, ont pu être établis grâce au talent de M. Frédéric Boissonnas, photographe, dont la persévérance, les initiatives et les qualités de plasticien nous ont révélé le principal des œuvres grecques de grande époque.

L'Acropole d'Athènes (le site)

PARTHÉNON. — Le tympan du fronton est nu. Le profil de la corniche est tendu comme une ligne d'ingénieur.

Cliché Hostache.

MAISONS EN SÉRIE

Une grande époque vient de commencer.

Il existe un esprit nouveau.

L'industrie, envahissante comme un fleuve qui roule à sa destinée, nous apporte les outils neufs adaptés à cette époque nouvelle animée d'esprit nouveau.

La loi d'Économie gère impérativement nos actes et nos conceptions ne sont viables que par elle.

Le problème de la maison est un problème d'époque. L'équilibre des sociétés en dépend aujourd'hui. L'architecture a pour premier devoir, dans une époque de renouvellement, d'opérer la revision des valeurs, la revision des éléments constitutifs de la maison.

La série est basée sur l'analyse et l'expérimentation.

La grande industrie doit s'occuper du bâtiment et établir en série les éléments de la maison.

Il faut créer l'état d'esprit de la série,

L'état d'esprit de construire des maisons en série,

L'état d'esprit d'habiter des maisons en série,

L'état d'esprit de concevoir des maisons en série.

Si l'on arrache de son cœur et de son esprit les concepts immobiles de la maison et qu'on envisage la question d'un point de vue critique et objectif, on arrivera à la maison-outil, maison en série, saine (et moralement aussi) et belle de l'esthétique des outils de travail qui accompagnent notre existence.

Belle aussi de l'animation que le sens artiste peut apporter à ces stricts et purs organes.

Le programme vient d'être fixé. MM. Loucheur et Bonnevay demandent à la Chambre une loi décrétant la construction de 500.000 logements à bon marché. C'est une circonstance exceptionnelle dans les annales de la construction, circonstance qui requiert également des moyens exceptionnels.

Or, tout est à faire; rien n'est prêt pour la réalisation de ce programme immense. *L'état d'esprit n'existe pas.*

L'état d'esprit de construire des maisons en série, l'état d'esprit d'habiter des maisons en série, l'état d'esprit de concevoir des maisons en série.

Tout est à faire; rien n'est prêt. La spécialisation a à peine abordé le domaine de la bâtisse. Il n'y a ni usines, ni techniciens de spécialisation.

Mais en un clin d'œil, si l'état d'esprit de la série naissait, tout serait vite mis sur pied. En effet, dans toutes les branches du bâtiment, l'industrie, puissante comme une force naturelle, envahissante comme un fleuve qui roule à sa destinée, tend de plus en plus à transformer les matériaux bruts naturels, et à produire ce qu'on appelle des « matériaux nouveaux ». Ils sont légion : ciments et chaux, fers profilés, céramique, matériaux isolants, tuyauteries, quincaillerie, enduits imperméables, etc., etc. Tout cela arrive pour l'instant en vrac dans les bâtiments en construction, s'y ajuste à l'improviste, coûte une main-d'œuvre énorme, fournit des solutions bâtardes. C'est que les divers objets de la construction n'ont pas été sériés. C'est que l'état d'esprit n'existant pas, on ne s'est pas livré à l'étude rationnelle des objets et plus encore à l'étude rationnelle de la construction elle-même; l'état d'esprit de la série est haïssable aux architectes et aux habitants (par contagion et persuasion). Songez : on en arrive justement, et tout essoufflé, au r-é-g-i-o-n-a-l-i-s-m-e! Ouf! Et le plus comique, c'est la dévastation des pays envahis qui nous y conduit. Devant la tâche immense de tout à reconstruire, on est allé à sa

L. C., 1915. Groupe de maisons en série sur ossature « Domino ». En 1915, le prix des aciers et des ciments autorisait l'emploi important du ciment armé. Des ossatures rigides étaient livrées, par une entreprise, sur six dés préalablement établis de niveau, au-dessus du sol. Les murs et les cloisons n'étaient qu'un remplissage léger, pouvant être fait, sans main-d'œuvre spécialisée, de pisé, briques ou parpaings de remplissage. La hauteur entre deux dalles était combinée avec celle des portes et impostes, celle des armoires, celle des fenêtres, qui toutes obéissaient aux mêmes

L. C., 1920. Maisons en béton liquide. Elles sont coulées par le haut comme on remplirait une bouteille avec du ciment liquide. La maison est construite en trois jours. Elle sort du coffrage comme une pièce de fonte. Mais on se révolte devant des pro-

modules. Contrairement aux usages actuels, les menuiseries fournies par les usines étaient posées avant les murs, dictant automatiquement l'alignement de ceux-ci ainsi que des cloisons; les murs ou cloisons étaient maçonnés autour des menuiseries et la maison pouvait être construite totalement par un seul corps de métier : le maçon. Restait à installer la tuyauterie. (Un jour proche, on pourra faire emploi de fenêtres autrement plus perfectionnées que celles dont on dispose actuellement.)

cédés si « désinvoltes »; on ne croit pas à une maison faite en trois jours; il faut un an et des toits pointus et des lucarnes et des chambres mansardées!

panoplie décrocher sa flûte de Pan, et on en joue, on en joue dans les comités et dans les commissions. Puis on vote des résolutions. Celle-ci par exemple, qui mérite d'être citée : de faire pression sur la Compagnie des Chemins de fer du Nord pour l'obliger à construire sur la ligne Paris-Dieppe trente stations de styles différents, parce que les trente stations que les express brûlent ont chacune une colline et tel pommier qui sont bien à elle et qui sont son caractère, son âme, etc. Fatale flûte de Pan!

Les premiers effets de l'évolution industrielle dans le « bâtiment » se manifestent par cette étape primordiale : le remplacement des matériaux naturels par les matériaux artificiels, les matériaux hétérogènes et douteux par les matériaux artificiels homogènes et éprouvés par des essais de laboratoire et produits avec des éléments fixes. Le matériau fixe doit remplacer le matériau naturel, variable à l'infini.

Par ailleurs, la loi d'Économie réclame ses droits : les fers profilés et, plus récemment, le ciment armé, sont de pures manifestations de calcul, employant la matière totalement et exactement; tandis que l'ancienne poutre de bois recèle peut-être quelque nœud traître et son équarrissage conduit à une perte de matière considérable.

Enfin, dans certains domaines, les techniciens ont parlé. Les services d'eau, d'éclairage, sont en évolution rapide; le chauffage central a pris en considération la structure des murs et des fenêtres — surfaces refroidissantes — et, conséquence, la pierre, la bonne pierre naturelle en murs de un mètre d'épaisseur s'est vu damer le pion par de légères cloisons doubles en scorie de mâchefer, et ainsi de suite. Des entités, de quasi-divinités, ont déchu : les toits qui n'ont plus besoin d'être pointus pour évacuer l'eau, les grandes et si belles embrasures de fenêtres qui nous ennuient parce qu'elles emmurent et nous prennent la lumière; les bois massifs, épais à souhait, solides pour l'éternité, mais non, qui sautent et se fendent devant un radiateur, tandis qu'un contre-plaqué de 3 millimètres d'épaisseur demeure intact, etc.

On voyait aux beaux jours d'antan (et cela dure toujours, hélas) de gros chevaux qui amenaient dans les chantiers d'énormes pierres, et beaucoup d'hommes pour les descendre de dessus la voiture, pour les couper, les tailler, les monter sur les échafaudages, les ajuster en vérifiant longuement, mètre en main, leurs six faces; une maison ça se construisait en deux ans; on monte aujourd'hui des immeubles en quelques mois; le P.-O. vient de terminer son immense frigorifique de Tolbiac. Il n'est entré dans ce chantier que des grains de sable et de mâchefer, gros comme des noisettes; les murs sont minces comme des membranes; il y a dans ce bâtiment des charges énormes. Des murs minces pour protéger contre les différences de température et des cloisons de 11 centimètres malgré les charges énormes. Les choses ont bien changé!

La crise des transports a sévi; on s'est aperçu que les maisons représentaient un tonnage formidable. Si l'on diminuait ce tonnage des quatre cinquièmes? Voilà un état d'esprit moderne.

La guerre a secoué les torpeurs; on a parlé de taylorisme; on en a fait. Les entrepreneurs ont acheté des machines, ingénieuses, patientes et agiles. Les chantiers seront-ils bientôt des usines? On parle de maisons qu'on coule par le haut avec du béton liquide, en un jour, comme on remplirait une bouteille.

Et de fil en aiguille, après avoir fabriqué en usine tant de canons, d'avions, de camions, de wagons, on se dit : Ne pourrait-on pas fabriquer des maisons? Voilà un état d'esprit tout à fait d'époque. Rien n'est prêt, mais tout peut être fait. Dans les vingt années à venir, l'industrie aura groupé les matériaux fixes, semblables à ceux de la métallurgie; la technique aura porté bien au delà de ce que nous connaissons le chauffage, l'éclairage et les modes de structure rationnelle. Les chantiers ne seront plus des éclosions sporadiques où tous les problèmes se compliquent en s'entassant; l'organisation financière et sociale réalisera, avec des méthodes concertées et puissantes, le problème de l'habitation, et les chantiers seront immenses, gérés et exploités comme des administrations. Les lotissements urbains et suburbains seront vastes et orthogonaux et non plus désespérément biscornus; ils permettront l'emploi de l'élément de série et l'industrialisation du chantier. L'on cessera peut-être enfin de construire « sur mesures ». L'évolution sociale fatale aura transformé les rapports entre locataires et propriétaires, aura modifié les conceptions de l'habitation et les villes seront ordonnées au lieu d'être chaotiques. La maison ne sera plus cette chose épaisse et qui prétend défier les siècles et qui est l'objet opulent par quoi se manifeste la richesse; elle sera un outil comme l'auto devient un outil. La maison ne sera plus une entité archaïque, lourdement enracinée dans le sol par de profondes fondations, bâtie de « dur » et à la dévotion de laquelle s'est instauré depuis si longtemps le culte de la famille, de la race, etc.

Si l'on arrache du cœur et de l'esprit les concepts immobiles de la maison, et qu'on envisage la question d'un point de vue critique et objectif, on arrivera à la maison-outil, maison en

L. C., 1915. Maison « Domino ». Le procédé constructif est appliqué ici à une maison de maître qui est établie au prix de cube de la simple maison ouvrière. Les ressources architecturales du procédé constructif autorisent des dispositions larges et

série accessible à tous, saine, incomparablement plus que l'ancienne (et moralement aussi) et belle de l'esthétique des outils de travail qui accompagnent notre existence.

rythmées et permettent de faire de véritable architecture. C'est ici que le principe de la maison en série montre sa valeur morale : un certain lien commun entre l'habitation du riche et celle du pauvre, une décence dans l'habitation du riche.

Elle sera belle aussi de l'animation qu'un sens artiste peut apporter à ses stricts et purs organes.

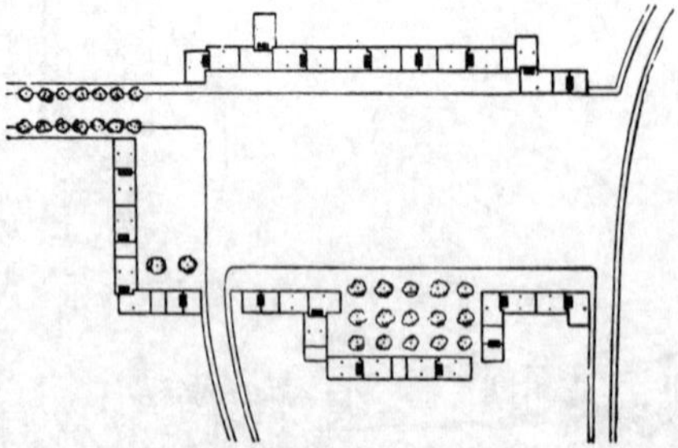

Lotissement « Domino ».

Mais il faut créer l'état d'esprit d'habiter des maisons en série.
Chacun rêve légitimement à s'abriter et à s'assurer la sécurité de son logis. Comme c'est impossible dans l'état actuel, ce rêve, considéré comme irréalisable, provoque une véritable hystérie sentimentale; faire sa maison, c'est à peu près comme faire son testament... Quand je ferai ma maison... je mettrai ma statue dans le vestibule et mon petit chien Ketty aura son salon. Quand j'aurai mon toit, etc. Thème pour un médecin neurologue. Lors-

Maison « Domino ». Logement et échoppe. Pas de murs portants; les fenêtres font le tour de la maison.

L. C., 1915. Intérieur d'une maison « Domino ». Fenêtres en série, portes en série, placards en série; on ajuste deux, quatre, douze éléments de fenêtres; une porte avec une imposte, ou deux portes avec deux impostes, ou deux portes sans imposte, etc., des placards avec le haut vitré et des tiroirs en bas formant des bibliothèques, des commodes, des buffets de service, etc. Tous ces éléments, qui sont à fournir par la grande industrie, sont établis sur un module commun; ils s'adaptent les uns contre les autres exactement. L'ossature de la maison étant coulée, on les juxtapose les uns aux autres dans le bâtiment vide en les maintenant provisoirement avec des lattes : on remplit les vides en carreaux de plâtre, en brique ou en lattis; on fait à rebours des opérations habituelles et on gagne des mois. On gagne aussi une unité architecturale d'unc importance capitale et, avec le module, la proportion entre d'elle-même dans la maison.

qu'a sonné l'heure de bâtir cette maison, ce n'est pas l'heure du maçon ni du technicien, c'est l'heure où tout homme fait au moins un poème dans sa vie. Alors, nous avons, depuis quarante ans, dans les villes et les périphéries, non pas des maisons, mais des poèmes, le poème de l'été de la Saint-Martin, car une maison est le couronnement d'une carrière... ce moment précis où l'on est assez vieux et décati par l'existence pour être la proie des rhumatismes et de la mort... et des idées loufoques.

L. C., 1922. Maison d'artiste; ossature de ciment armé et murs en double cloison de « cement-gun » de 4 centimètres d'épaisseur chacune. Nettement se fixer le problème; déterminer les besoins-types d'un logis; résoudre la question comme sont résolus les wagons, les outils, etc.

L. C., 1919. Maisons de gros béton. Le terrain était formé de bancs de gravier. Une carrière est installée à même le terrain; le gravier est coulé avec de la chaux dans un branchage de 40 centimètres d'épaisseur; les planchers en ciment armé. Une esthétique spéciale naît directement du procédé. La bonne économie d'un chantier

L. C., 1922. Maison ouvrière en série. Un lotissement bien fait, la même maison peut se présenter sous divers angles. Quatre poteaux de ciment; les murs en « cement-gun ». Esthétique? L'architecture est chose de plastique, non de romantisme.

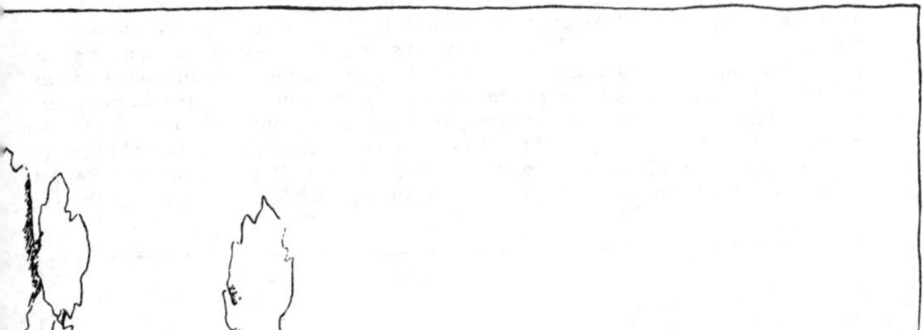

moderne exige l'emploi exclusif de la droite, la droite est la grande acquisition de l'architecture moderne, et c'est un bienfait. Il faut nettoyer de nos esprits les araignées romantiques.

L. C., 1921. Maison en série « Citrohan » (pour ne pas dire Citroën). Autrement dit, une maison comme une auto, conçue et agencée comme un omnibus ou une cabine de navire. Les nécessités actuelles de l'habitation peuvent être précisées et exigent une solution. Il faut agir contre l'ancienne maison qui mésusait de l'espace. Il faut (nécessité actuelle : prix de revient) considérer la maison comme une machine à habiter ou comme un outil. Lorsqu'on crée une industrie, on achète l'outillage; lorsqu'on se met en ménage, on loue actuellement des appartements imbéciles. Jusqu'ici on faisait d'une maison un groupement peu cohérent de nombreuses grandes salles; dans les salles il y avait toujours de la place en trop et toujours de la place en pas assez. Aujourd'hui, heureusement, on n'a plus assez d'argent pour perpétuer ces usages et comme on ne veut pas considérer le problème sous son vrai jour (machine à habiter) on ne peut pas construire dans les villes et une crise désastreuse s'en suit; avec les budgets, on pourrait construire des immeubles admirablement agencés, à condition, bien entendu, que le locataire modifie sa mentalité; du reste, il obéira bien sous la poussée de la nécessité. Les fenêtres, les portes doivent avoir leurs dimensions rectifiées; les wagons, les limousines, nous ont prouvé que l'homme passe par des ouvertures restreintes et que l'on peut calculer la place au centimètre carré; il est criminel de construire des W.-C. de quatre mètres carrés. Le prix du bâtiment ayant quadruplé, il faut réduire de moitié les anciennes prétentions architecturales et de moitié au moins le cube des maisons; c'est désormais un problème de technicien; on fait appel aux découvertes

L. C., 1922. Villa en série, 72 m². Ossature de ciment, cement-gun. Une grande salle de 9 × 5; une cuisine, une chambre de bonne; une chambre à coucher, salle de bains, boudoir; deux chambres à coucher, un solarium.

de l'industrie; on modifie totalement son état d'esprit. La beauté? Il y en a toujours lorsqu'il en existe l'intention et les moyens *qui sont la proportion ;* la proportion ne coûte rien au propriétaire, mais seulement à l'architecte. Le cœur ne sera touché que si la raison est satisfaite et celle-ci peut l'être quand les choses sont calculées. Il ne faut pas avoir honte d'habiter une maison sans comble pointu, de posséder des murs lisses comme des feuilles de tôle, des fenêtres semblables aux châssis des usines. Mais ce dont on peut être fier, c'est d'avoir une maison pratique comme sa machine à écrire.

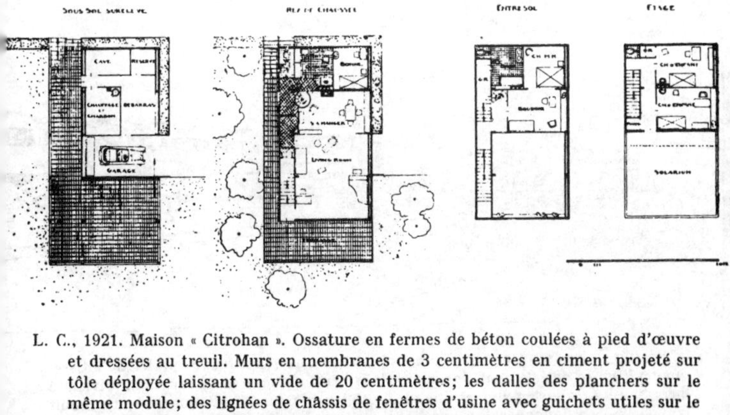

L. C., 1921. Maison « Citrohan ». Ossature en fermes de béton coulées à pied d'œuvre et dressées au treuil. Murs en membranes de 3 centimètres en ciment projeté sur tôle déployée laissant un vide de 20 centimètres; les dalles des planchers sur le même module; des lignées de châssis de fenêtres d'usine avec guichets utiles sur le même module. La disposition des lieux, conforme à l'exploitation d'un ménage; l'éclairage abondant conforme à la destination des pièces; les nécessités d'hygiène favorisées, les domestiques soignés avec respect.

L. C., 1919. Maison « Monol ». Crise des transports : la maison ordinaire pèse trop : briques, menuiseries, ciments, dallages, tuiles, charpentes, représentent, roulant sur le pays de France, des convois formidables de wagons.

Le problème de la maison usinée se pose. Principe constructif; cellules d'amianto-ciment en plaques pliées de 7 millimètres d'épaisseur, formant des assises de 1 mètre de haut qu'on remplit de matériaux grossiers, cailloux, gravillon, matériaux de démolition, etc., trouvés sur place, légèrement collés d'un lait de chaux et laissant

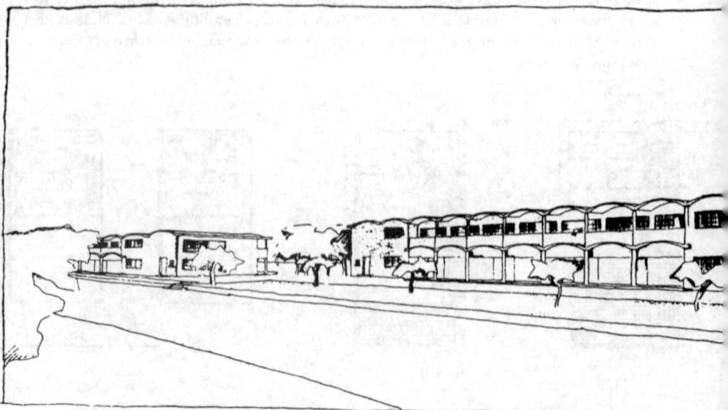

L. C., Maison « Monol ». Quand on parle de maisons en série, il faut parler de lotissement. L'unité des éléments constructifs est une garantie de beauté. La diversité nécessaire à un ensemble architectural est fournie par le lotissement qui conduit aux grandes ordonnances, aux véritables rythmes de l'architecture. Un village bien loti et construit en série donnerait une impression de calme, d'ordre, de propreté,

entre eux de gros trous qui confèrent aux murs un coefficient isolant important; les plafonds et planchers sont faits de tôles ondulées cintrées (arc très tendu) d'amianto-ciment qui constituent un coffrage recevant une chape de béton de quelques centimètres. Les tôles cintrées demeurent et constituent un enduit définitif isolant. Les menuiseries, fenêtres et portes, sont ajustées en même temps que les cellules d'amianto-ciment. La maison est faite par un seul corps de métier et n'a nécessité le transport que d'une double coquille de ciment et amiante de 7 millimètres.

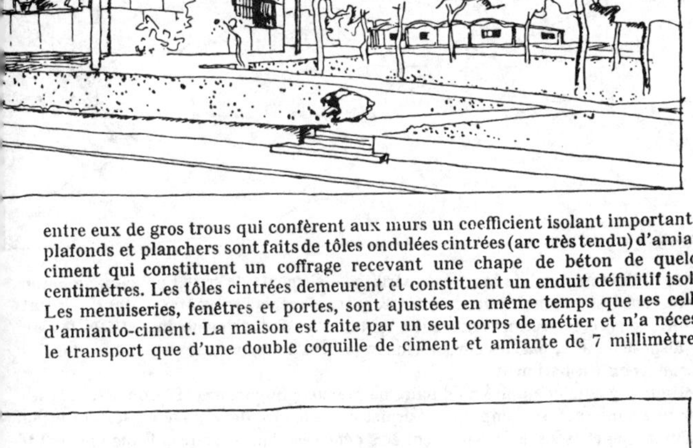

imposerait fatalement la discipline aux habitants; l'Amérique nous montre l'exemple de la suppression des murs de clôture grâce à cet état d'esprit nouveau créé là-bas du respect de la propriété d'autrui; les banlieues en recevraient une impression d'espace, car le mur de clôture disparaissant, tout gagne en soleil et en clarté.

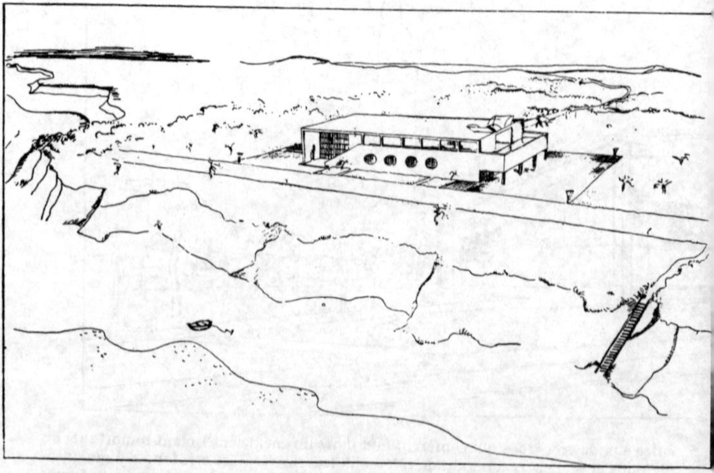

L. C., 1921. Villa au bord de la mer construite en éléments de série : poteaux de béton armé tous les cinq mètres dans les deux sens; planchers en voûtes plates de ciment armé. Dans cette ossature analogue à toutes celles des bâtiments industriels, le plan se dispose à l'aise, par des cloisonnements légers. Le prix de revient est le plus bas parmi ceux du bâtiment.

L'esthétique y gagne une unité modulaire de première importance. L'économie réalisée sur une construction compliquée permet de s'étendre davantage en surface et en volume. Les cloisons légères peuvent être déplacées dans la suite et le plan peut être transformé facilement.

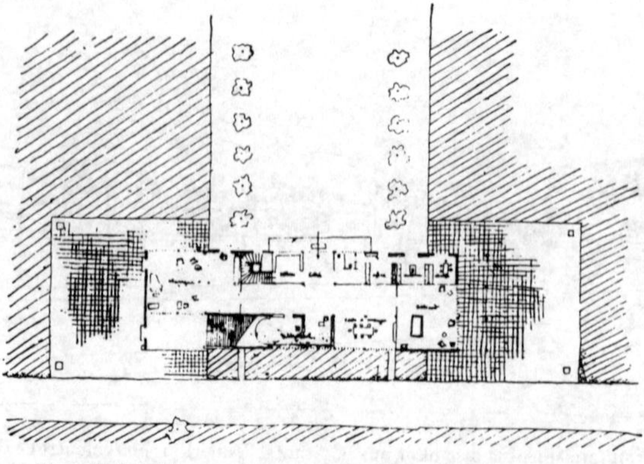

Plan de la villa, montrant les poteaux régulièrement espacés.

Salon de la villa au bord de la mer. Les poteaux à section constante, les voûtes plates des plafonds, les éléments standarts des fenêtres, les pleins et les vides constituent les éléments architecturaux de la construction.

L. C. Intérieur d'une Maison « Monol », adaptée à un logis confortable. Si les gens cultivés savaient qu'on peut construire en série des logis d'une parfaite harmonie, coûtant moins cher que leur appartement de ville, ils feraient pression sur les Chemins de fer de l'État pour faire cesser le spectacle honteux des trains de banlieue de la gare Saint-Lazare; ils feraient comme les Berlinois, et ce serait parfait. On pourrait alors user de ces immenses terrains de la périphérie. La maison en série autoriserait précisément les solutions les plus pratiques et d'une *esthétique pure*. Mais il faut attendre le réveil des Compagnies de Chemins de fer et l'éveil de la grande industrie qui doit fournir les éléments de série.

« Immeuble-villas » :
120 villas superposées.

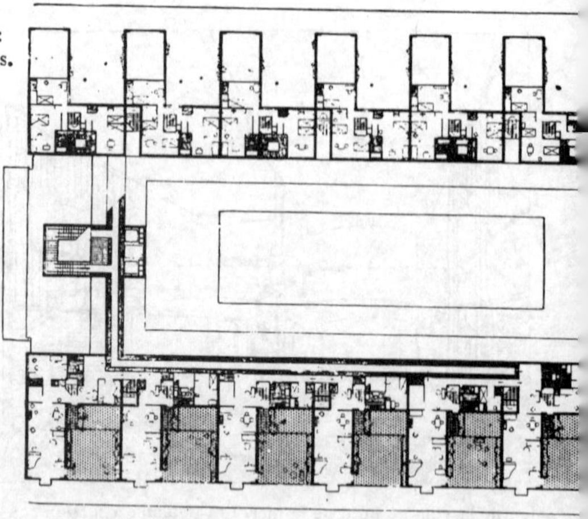

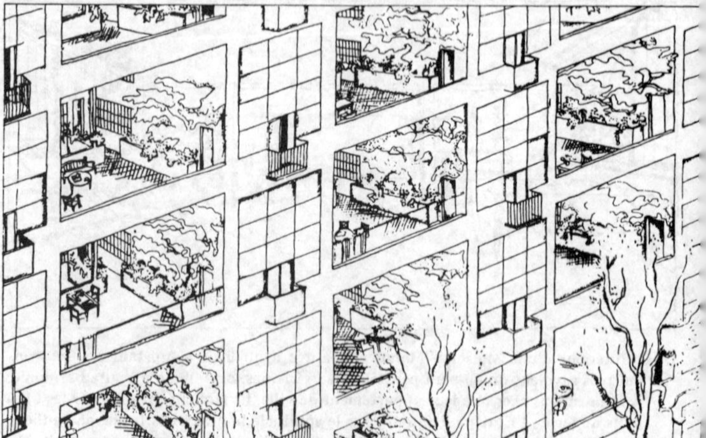

« Immeuble-villas »; fragment de façade. Chaque jardin rigoureusement indépendant du voisin.

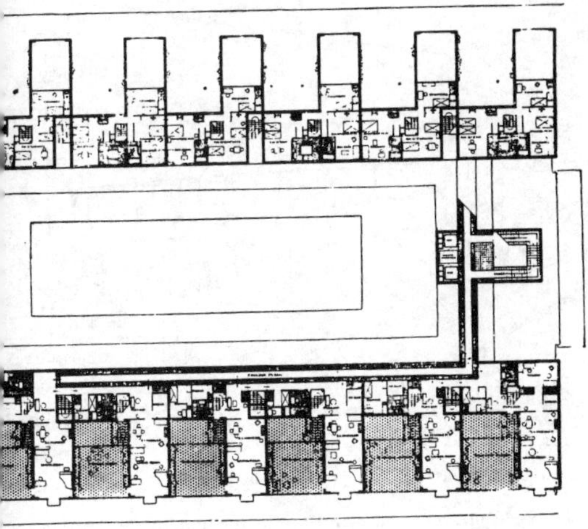

Plan de l'étage des villas.

A niveau de la rue : grand hall d'entrée ; aux étages : grand escalier et corridor principal.

Plan du rez-de-chaussée des villas : le pointillé gris indique les jardins suspendus.

L. C., 1922. Grand immeuble locatif. Les dessins ci-après montrent l'agencement d'un groupe de cent villas superposées sur cinq hauteurs, villas à deux étages possédant chacune son jardin. Une organisation hôtelière gère les services communs de l'immeuble et apporte la solution à la crise des domestiques (crise qui est à ses débuts et est un fait social inéluctable). La technicité moderne appliquée à une entreprise aussi importante remplace la fatigue humaine par la machine et l'organisation :

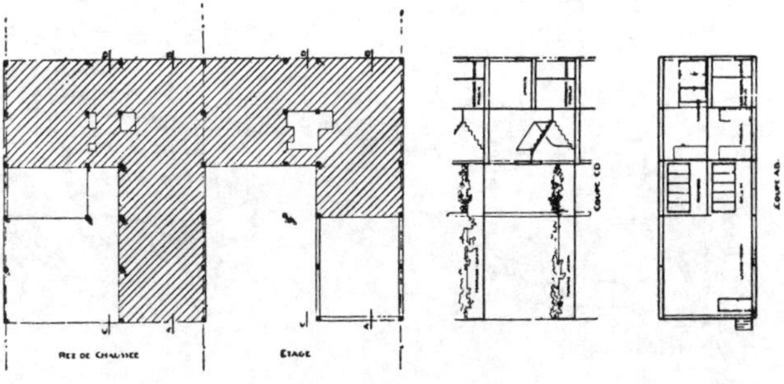

« Immeuble-villas »; construction en série par poteaux et dalles. Murs en double cloison.

« Immeuble-villas » : un jardin suspendu.

l'eau chaude, le chauffage central, la réfrigération, le vacuum, la stérilisation de l'eau, etc. Les domestiques ne sont plus forcément attachés à un ménage ; ils viennent ici, comme à l'usine, faire leurs huit heures et un personnel alerte est à la disposition jour et nuit. Le ravitaillement en denrées crues ou cuites est fait par un ser-

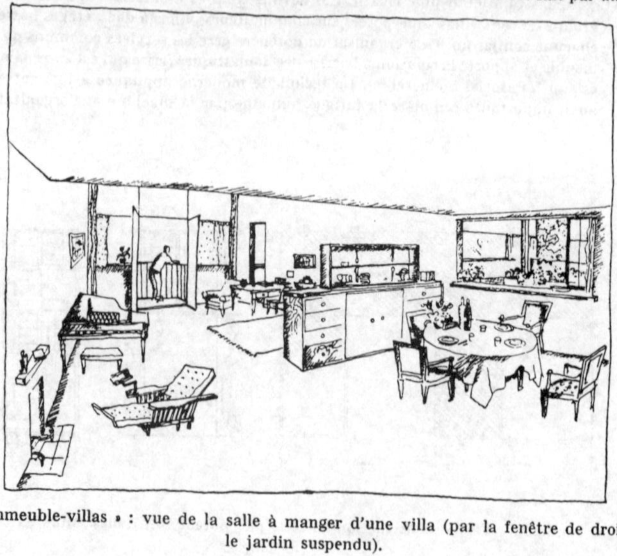

« Immeuble-villas » : vue de la salle à manger d'une villa (par la fenêtre de droite le jardin suspendu).

« Immeuble-villas » : vu d'un massif (120 villas superposées).

vice d'achat qui conduit à la qualité et l'économie. Une vaste cuisine alimente à volonté les villas ou un restaurant commun. Chaque villa comporte une salle de sport, mais sur le toit se trouve une grande salle commune de sport et une piste de 300 mètres. Sur le toit, encore une salle de fêtes à la disposition des habitants. L'entrée habituelle étriquée de la maison avec la fatidique loge de concierge est remplacée par un vaste hall; un laquais y reçoit jour et nuit les visiteurs et les canalise dans les ascenseurs. Dans la grande cour ouverte, sur le toit des garages sous-terrains, des tennis. Des arbres, des fleurs tout autour de la cour, et tout autour de la rue dans les jardins des villas. A tous les étages, des lierres et des fleurs dans les jardins suspendus. Le « Standart » prend ici ses droits. Les villas représentent le type d'un aménagement rationnel et sage, dénué de toute emphase, mais suffisant et pratique. Par le système de location-vente, les vieux systèmes caducs de propriété n'existent plus.

On ne paie pas de location; on possède un capital action qu'on libère en vingt ans et dont l'intérêt représente un loyer infime.

La *série* plus que partout ailleurs s'impose dans l'entreprise du grand immeuble locatif : *bon marché*. Et l'*esprit de série* apporte des bienfaits multiples et inespérés dans une période de crise sociale : *économie domestique*.

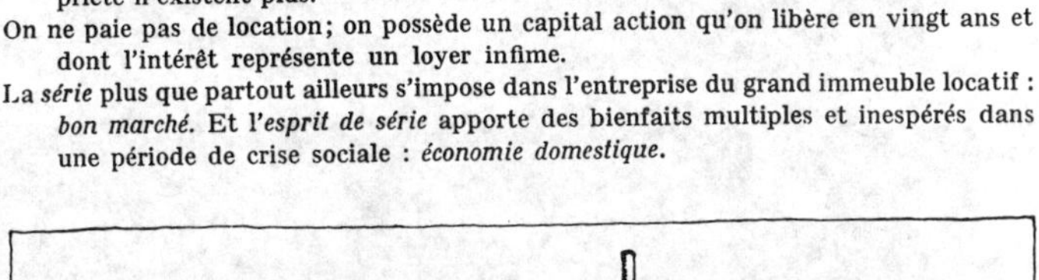

Hall d'entrée de « l'immeuble-villas ».

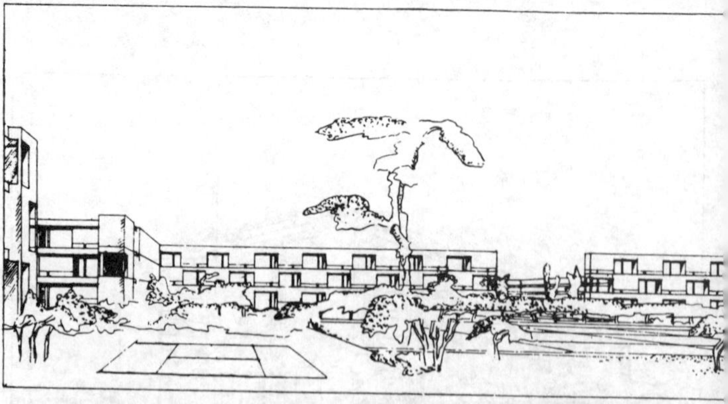

L. C. et P

Analysons les 400 m² de terrain consacré à chaque habitant d'une cité-jardin : maison et dépendances, 50 à 100 m²; 300 m² sont consacrés aux pelouses, verger, potager, parterre fleuri, terre-plein. Entretien absorbant, coûteux, pénible ; rapport : quelques bottes de carottes et un panier de poires. Il n'y a point de terrains de jeux ; les enfants, les hommes et les femmes ne peuvent pas jouer, ne peuvent pas faire de sport. Le sport doit pouvoir se faire à toute heure et tous les jours, et il doit se faire au pied même de la maison et non sur les terrains à stades où ne vont que les professionnels et les oisifs. Posons le problème plus logiquement : maison 50 m² ; jardin d'agrément 50 m²; ce jardin et cette maison sont situés à rez-de-chaussée ou à 6 ou 12 mètres au-dessus du sol, dans des groupements dits « à alvéoles ». Au pied des maisons, de vastes terrains de jeux (football, tennis, etc.) à raison de 150 m² par maison. Devant les maisons (à raison de 150 m² par maison), les terrains de culture industrialisée, culture intensive à grand rendement (arrosage par canalisations,

jardinet

maisons
jardinets

maisons
jardinets

maisons

« Nouveaux quartiers Frugès » à Bordeaux.
Un premier groupe en construction.

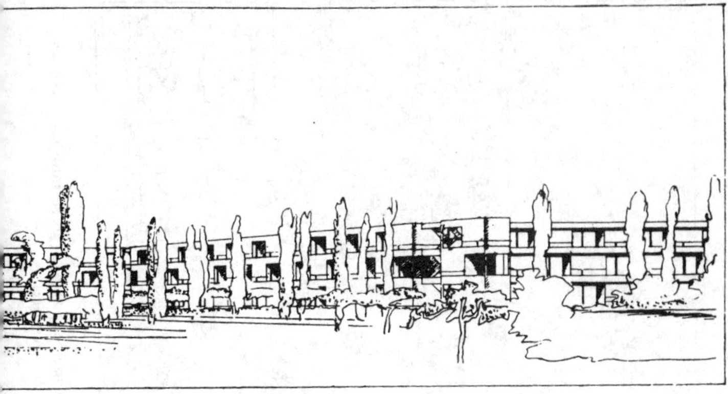

neret, 1925.

labourage par un fermier, wagonnets pour engrais et transport des terres et des produits, etc.). Un fermier assure la surveillance et la gestion d'un groupement. Des resserres abritent le produit des cultures. La main-d'œuvre agricole déserte les campagnes; avec les trois 8, l'ouvrier devient ici agriculteur et produit une part importante des objets de sa consommation. Architecture, urbanisme? L'étude logique de la cellule et de ses fonctions relatives à l'ensemble fournit une solution riche de conséquences.

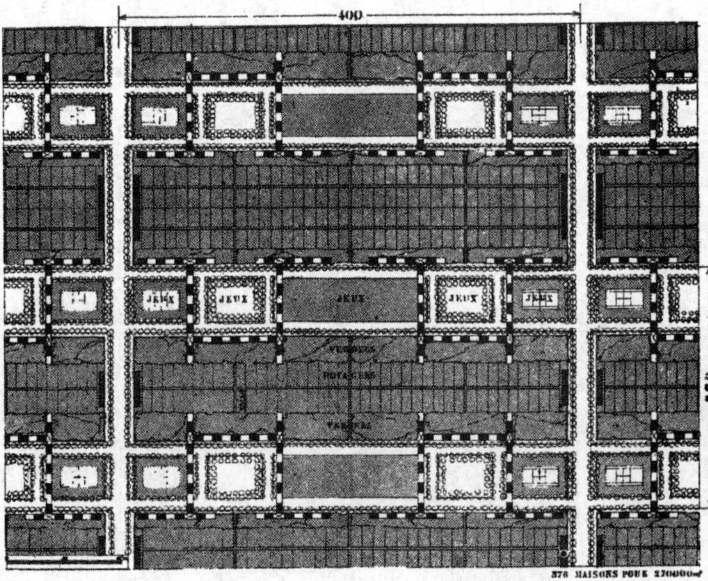

Lotissement « à alvéoles » pour cités-jardins.

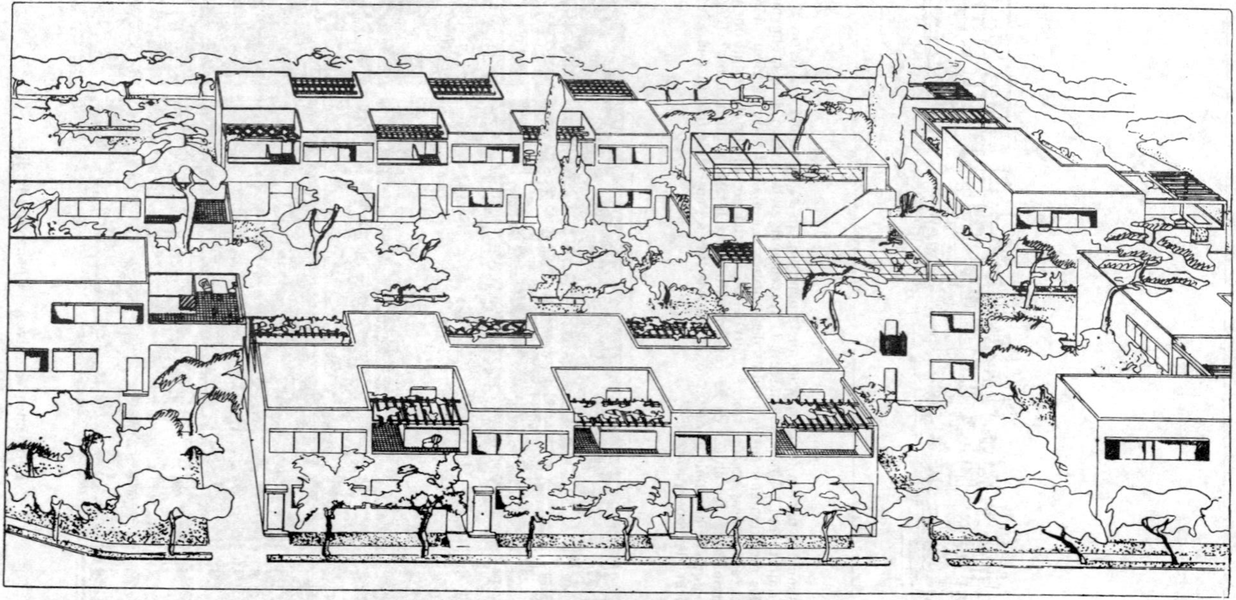

1924, Bordeaux-Pessac, « Quartiers Modernes Frugès ».

Fragment d'un grand lotissement construit au canon à ciment. Un type d'élément a été minutieusement fixé, et il se multiplie avec les combinaisons les plus variées. C'est une véritable industrialisation du chantier.

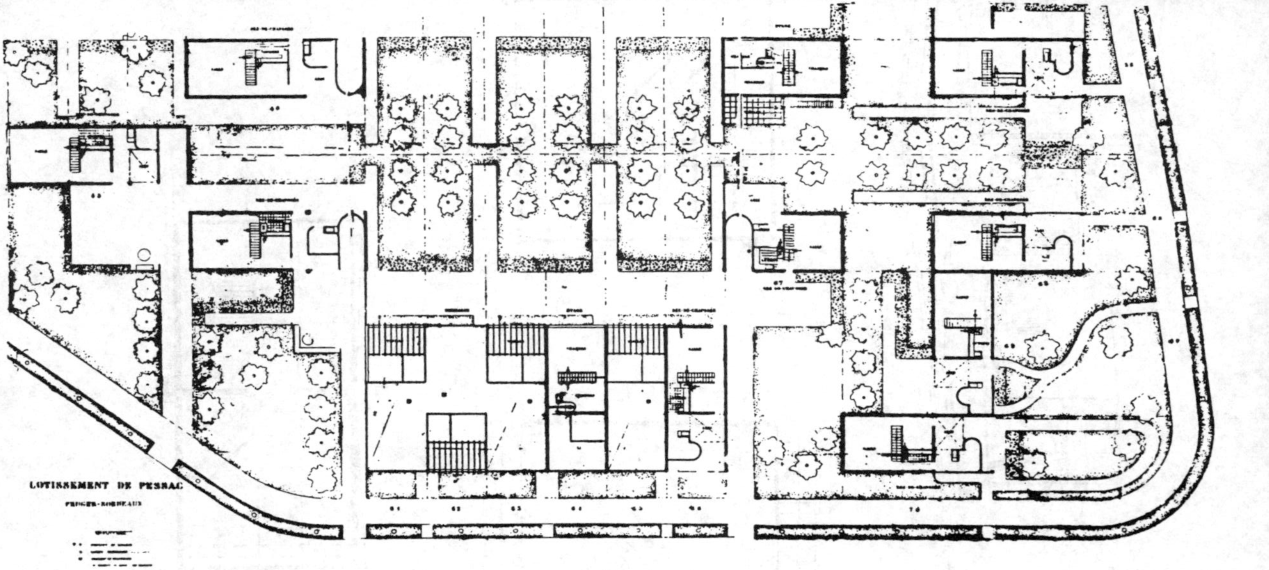

Bordeaux-Pessac.

La première édition de ce livre a vivement touché un grand industriel de Bordeaux. Il fut décidé de faire table rase des usages et des habitudes. Une haute conception des choses de l'industrie et des destinées de l'architecture incitèrent cet industriel à prendre les initiatives les plus courageuses. Pour la première fois peut-être, en France, grâce à lui, le problème actuel de l'architecture se résout dans un esprit conforme à l'époque. Économie, sociologie, esthétique : c'est une réalisation neuve avec des moyens neufs.

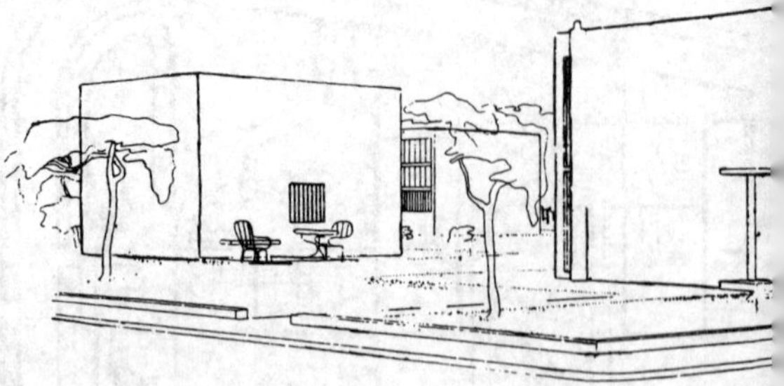

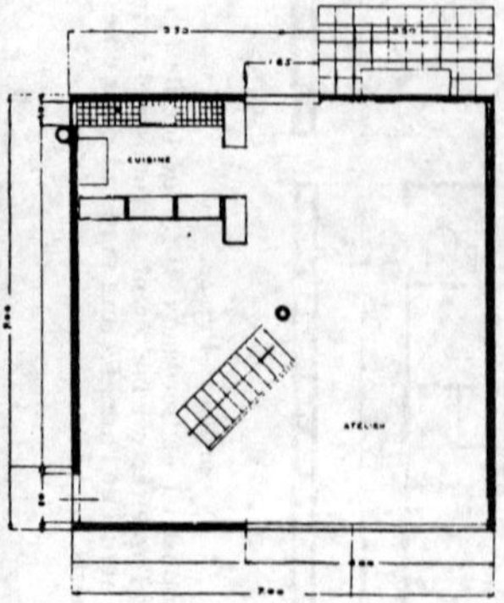
CUISINE
ATELIER

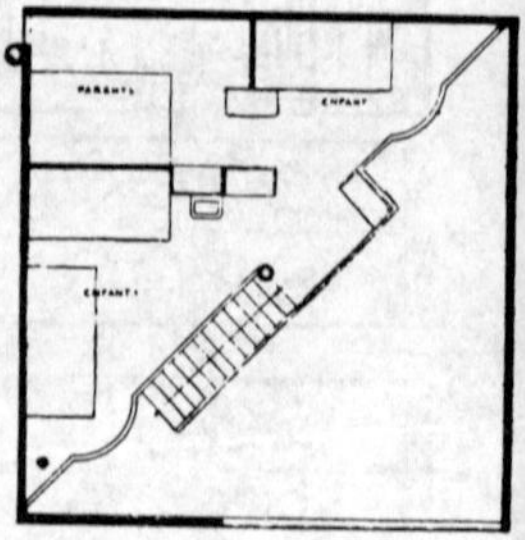
PARENTS
ENFANT
ENFANTS

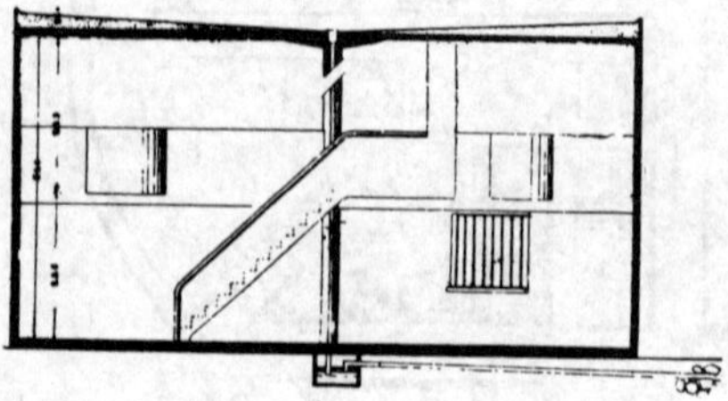

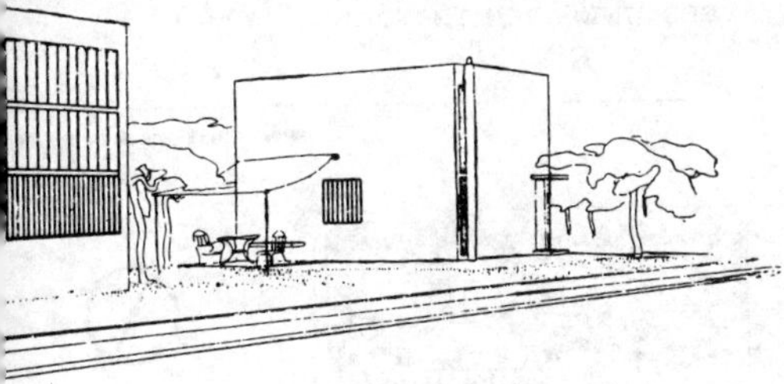

L. C. et P. J., 1924.

Maisons en série pour artisans. Le problème : loger des artisans dans un grand atelier (mur libre de 7 m. × 4 m. 50) très éclairé. Diminuer la dépense en supprimant les cloisons et les portes, en réduisant, par un jeu d'architecture, les surfaces et les hauteurs habituelles des chambres. La maison porte sur une colonne unique, évidée, en ciment armé. Murs isothermiques en « solomite » (paille comprimée) revêtue à l'extérieur de 5 centimètres de ciment projeté au canon à ciment, plâtre à l'intérieur. Dans toute la maison, 2 portes. La soupente en diagonale permet au plafond de se développer dans son entier (7 m. × 7 m.); le mur aussi montre ses dimensions les plus grandes et, de plus, on crée par la diagonale de la soupente *une dimension inattendue :* cette petite maison de 7 mètres impose à l'œil un élément capital de 10 mètres de long.

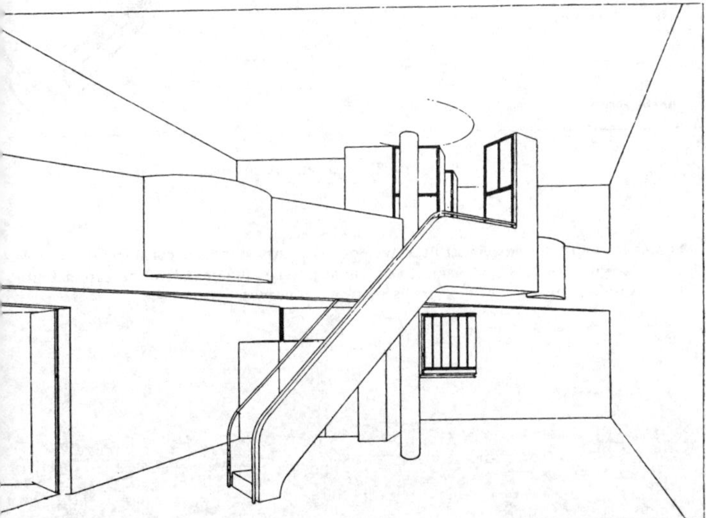

Vue intérieure.

(Les murs de la cuisine et d'une partie de la soupente sont constitués par les éléments de série U.-P. — agencements — voir page 217.)

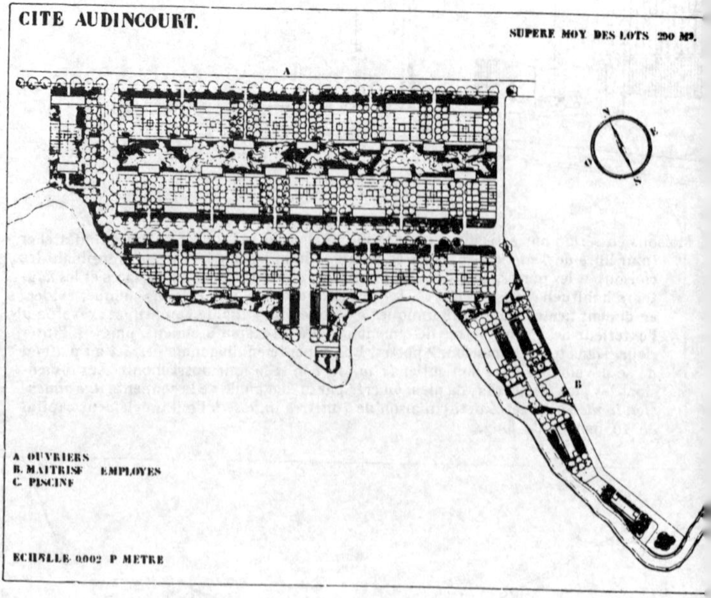

1924. L. C. et P. J. Lotissement orthogonal.

Toutes les maisons sont construites avec des éléments standart, constituant une cellule-type. Les lots sont égaux; l'ordonnance est régulière. L'architecture a toute latitude pour s'y exprimer précisément avec aisance.

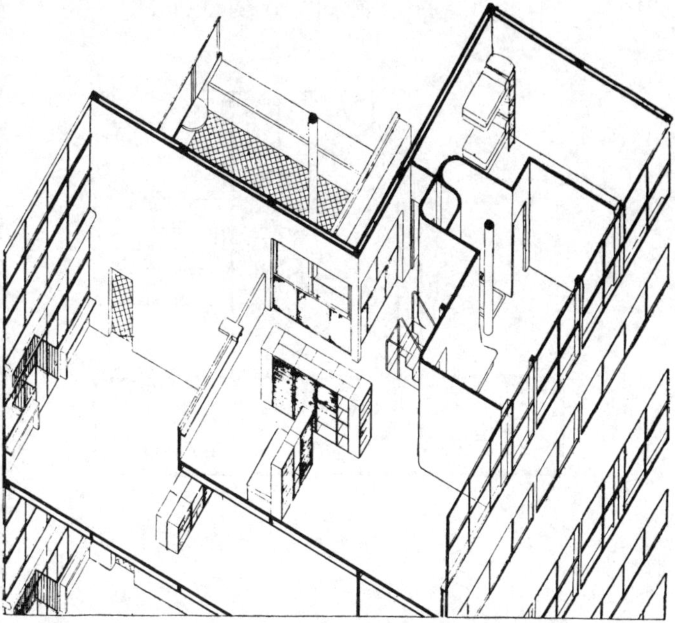

Le Corbusier et Pierre Jeanneret, 1924.

Ceci est l'une des cellules de l' « immeuble-villas » (voir ci-avant). C'est aussi le *Pavillon de l'Esprit Nouveau* à l'Exposition Internationale des Arts Décoratifs de Paris 1925. Maison de Série, *pour un homme courant,* standarts architecturaux, construction entièrement industrielle.

La maçonnerie, faite par G. SUMMER, entrepreneur de maçonnerie, avec l'emploi du « cement-gun » d'INGERSOLL-RAND appliqué sur la SOLOMITE (paille comprimée); les planchers et terrasses *idem.* L'armature des planchers ainsi que les fenêtres de série de M. RAOUL DECOURT, ingénieur-constructeur. La menuiserie est totalement supprimée; *le menuisier ne vient plus sur le bâtiment :* les ÉTABLISSEMENTS U. P. RÉUNIS de Tchécoslovaquie ont exécuté les agencements-types qui conviennent à chaque chambre et se montent comme les classeurs de bureaux. Vitrerie et Peinture : RUHLMAN et LAURENT.

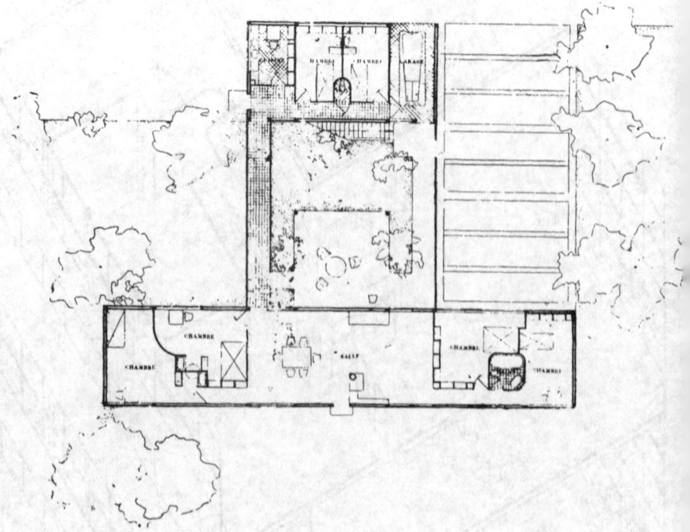

L. C. et P. J., 1925. Villa à Bordeaux.

Construite en éléments de série avec les mêmes machines que les maisons de la cité-jardin de Pessac (pp. 210-212).

La série n'est pas une entrave à l'architecture. Au contraire, elle apporte l'unité et la perfection des détails et elle propose la variété des ensembles.

Perspective axonométrique de la villa.

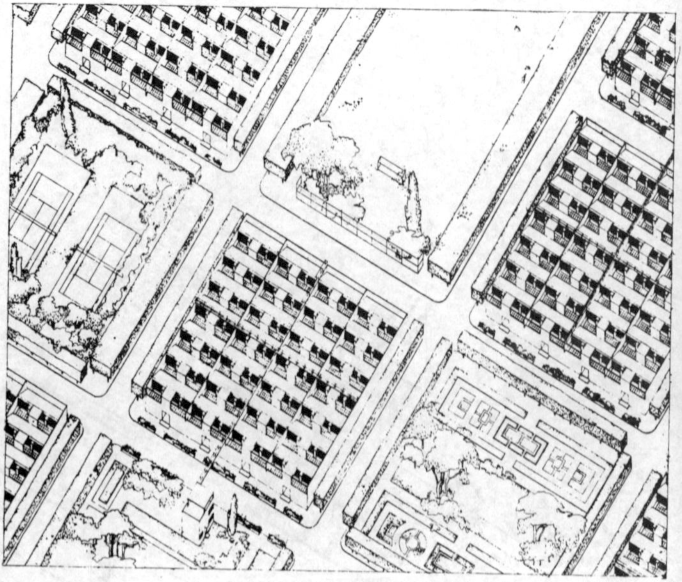

Vue d'ensemble.

1925. L. C. et P. J. Cité universitaire. On construit à grands frais des cités pour les étudiants en s'attachant à faire revivre la poésie des vieux bâtiments d'Oxford. Poésie coûteuse, désastreusement coûteuse. L'étudiant est à l'âge de protestation contre le vieux Oxford; le vieux Oxford est une fantaisie du mécène donateur de la cité universitaire. L'étudiant désire une cellule de moine, bien éclairée et bien chauffée, avec un coin pour regarder les étoiles. Il désire trouver à deux pas de quoi faire du sport avec ses camarades. Sa cellule doit être indépendante, le plus possible.

Plan et coupes.

Tous les étudiants ont droit à la même cellule; il serait cruel que la cellule du pauvre fût différente de celle du riche. Voilà le problème posé : la cité universitaire-caravansérail; chaque cellule a son antichambre, sa cuisine, son w.-c., sa salle, sa soupente pour dormir et son jardin sur le toit. Des murs isolent chacun. Tous ils se retrouveront sur les terrains de sport contigus ou dans les salles communes des bâtiments à services communs. Classer, typifier, fixer la cellule et ses éléments. Économie. Efficacité. Architecture? Toujours, lorsque le problème est clair.

La cité universitaire est conçue ici en « shed », le mode de construction qui permet de s'étendre indéfiniment en assurant un éclairage idéal et supprimant les masses *portantes* (coûteuses). Les murs ne sont plus que des remplissages en matières légères isolantes.

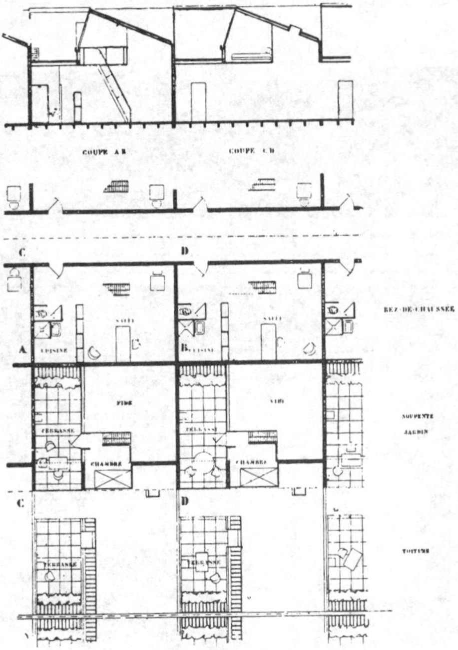

Coupe et plan.

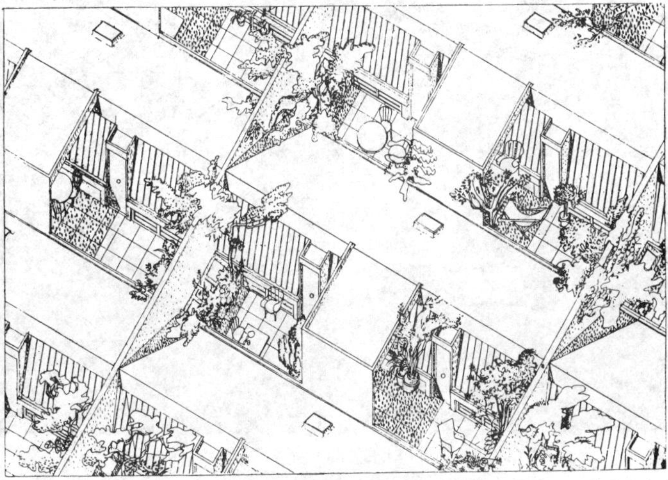

Détail des terrasses-jardins.

L. C. et P. J. Atelier de peintre (voir p. 62).

Question d'esprit nouveau :

J'ai 40 ans, pourquoi ne m'achèterais-je pas une maison; car j'ai besoin de cet outil; une maison comme la Ford que je me suis achetée (ou ma Citroën, puisque je suis coquet).

Collaborateurs dévoués : la grande industrie, les usines spécialisées.

Collaborateurs à susciter : les chemins de fer de banlieue, les organisations financières, l'École des Beaux-Arts transformée.

Le but : la maison en série.

Coalition : les architectes et les esthètes, le culte immortel de la maison.

Les réalisateurs : les entreprises et les architectes véritables.

La preuve par neuf : 1° le Salon de l'aviation; 2° les villes d'art célèbres (Procuraties, rue de Rivoli, place des Vosges, la Carrière, le château de Versailles, etc. : *série*). Car la maison en série implique des tracés automatiquement amples et grands. Car la maison en série nécessite l'étude poussée de tous les objets de la maison et la recherche du standart, du type. Quand le type est créé, on est aux portes de la beauté (l'auto, le paquebot, le wagon, l'avion). Car la maison en série imposera l'unité des éléments, fenêtres, portes, procédés de construction, matières. *Unité de détails et grands tracés d'ensemble* voilà ce que, au siècle de Louis XIV, dans le Paris composite, congestionné, inextricable, inhabitable, réclamait un abbé très intelligent, Laugier, qui se mêlait d'urbanisme : *De l'uniformité dans le détail, du tumulte dans l'ensemble* (le contraire de ce que nous faisons : une variété folle des détails et une uniformité morne des tracés des rues et des villes).

Conclusion : Il s'agit d'un problème d'époque. Davantage, du problème de l'époque. L'équilibre des sociétés est une question de bâtiment. Nous concluons sur ce dilemme défendable : *Architecture ou Révolution.*

Ventilateur basse pression (*Société Rateau.* Série).

Centrale électrique de Gennevilliers. Turbine de 40.000 kw.

ARCHITECTURE OU RÉVOLUTION

Dans tous les domaines de l'industrie, on a posé des problèmes nouveaux, créé un outillage capable de les résoudre. Si l'on place ce fait en face du passé, il y a révolution.

Dans le bâtiment, on a commencé à usiner la pièce de série ; on a, sur de nouvelles nécessités économiques, créé des éléments de détail et des éléments d'ensemble ; des réalisations concluantes sont faites dans le détail et dans l'ensemble. Si l'on se place en face du passé, il y a révolution dans les méthodes et dans l'ampleur des entreprises.

Alors que l'histoire de l'architecture évolue lentement à travers les siècles, sur des modalités de structure et de décor, en cinquante ans, le fer et le ciment ont apporté des acquisitions qui sont l'indice d'une grande puissance de construction et l'indice d'une architecture au code bouleversé. Si l'on se place en face du passé, on mesure que les « styles » n'existent plus pour nous, qu'un style d'époque s'est élaboré ; il y a eu révolution.

Les esprits ont consciemment ou inconsciemment pris connaissance de ces événements ; des besoins sont nés consciemment ou inconsciemment.

Le rouage social, profondément perturbé, *oscille entre une amélioration d'importance historique ou une catastrophe.*

L'instinct primordial de tout être vivant est de s'assurer un gîte. Les diverses classes actives de la société n'ont plus de gîte convenable, *ni l'ouvrier, ni l'intellectuel.*

C'est une question de bâtiment qui est à la clé de l'équilibre rompu aujourd'hui : architecture ou révolution.

Dans tous les domaines de l'industrie, on a posé des problèmes nouveaux et créé un outillage capable de les résoudre. On ne mesure pas assez la rupture survenue entre notre époque et les périodes antérieures; on admet que cette époque a apporté de grandes transformations, mais, ce qui serait utile, ce serait de mettre en parallèle son activité intellectuelle, sociale, économique et industrielle, non seulement avec la période antérieure du commencement du XIXe siècle, mais avec l'histoire des civilisations en général. On s'apercevrait vite que l'outillage humain, provocateur automatique des besoins des sociétés, qui n'avait subi jusqu'ici que les modifications d'une lente évolution, vient de se transformer tout d'un coup avec une rapidité fabuleuse. L'outillage humain était toujours *dans la main de l'homme :* aujourd'hui, totalement renouvelé et formidable, il échappe momentanément à notre étreinte. La bête humaine reste essoufflée et pantelante devant cet outil qu'elle ne sait pas saisir; le progrès lui paraît aussi haïssable que louable; tout est confusion dans son esprit; elle se sent plutôt esclave d'un ordre de choses forcené et elle n'a pas le sentiment d'une libération, d'un soulagement, d'une amélioration. Grande période de crise et surtout de crise morale. Pour passer la crise, il faut créer l'état d'esprit de comprendre ce qui se passe, il faut apprendre à la bête humaine à employer ses outils. Lorsque la bête humaine se sera remise dans son nouveau harnais et qu'elle connaîtra la sorte d'effort qui lui est demandé, elle s'apercevra que les choses ont changé : qu'elles se sont *améliorées.*

Encore un mot au sujet du passé. Notre époque se place, seule avec ces cinquante dernières années, face à dix siècles écoulés. Pendant ces dix siècles antérieurs l'homme ordonnait sa vie sur des systèmes qualifiés de « naturels »; il entreprenait lui-même son travail, le conduisait à bonne fin, ayant toute l'initiative de sa petite entreprise; il se levait avec le soleil, se couchait à la nuit; il quittait ses outils avec la préoccupation du travail en cours et

Équitable Building, New-York.

des initiatives qu'il prendrait le lendemain. Il travaillait chez lui dans une petite échoppe et sa famille était autour de lui. Il vivait comme un colimaçon dans sa coquille, dans un gîte exactement fait à sa mesure; rien ne l'incitait à modifier cet état de choses qui était en somme suffisamment harmonieux. La vie de famille se déroulait normalement. Le père surveillait ses enfants au berceau puis à l'échoppe; la succession des efforts et des gains se faisait sans heurt, dans l'ordre familial; la famille y trouvait son compte. Or, quand la famille y trouve son compte, la société est stable et susceptible de durer. Ceci concerne dix siècles de travail organisé sur le module familial; ceci pourrait concerner aussi bien tous les siècles passés jusqu'au milieu du XIXe.

Construit par la *Steel Corporation.*

Mais voyons aujourd'hui le mécanisme de la famille. L'industrie a conduit à la pièce de série; les machines travaillent en collaboration intime avec l'homme; la sélection des intelligences se fait avec une sécurité imperturbable : manœuvres, ouvriers, contremaîtres, ingénieurs, directeurs, administrateurs, chacun a sa juste place; et celui qui a l'étoffe d'un administrateur ne restera pas longtemps manœuvre; toutes les places sont accessibles. La spécialisation attache l'homme à sa machine; on exige de chacun une précision implacable, puisque la pièce qui passe dans la main du prochain ouvrier ne peut être « rattrapée » par lui, corrigée et arrangée; elle doit être exacte pour continuer dans l'exactitude son rôle de pièce de détail, appelée à venir s'ajuster automatiquement dans un ensemble. Le père n'enseigne plus au fils les secrets multiples de son petit métier; un contremaître étranger contrôle sévèrement la rigueur du travail restreint et concis. L'ouvrier fait une toute petite pièce, pendant des mois toujours la même, pen-

Amérique. Voiture de course 250 HP, vitesse 263 kil. à l'heure.

dant des années peut-être, pendant toute sa vie peut-être. Il ne voit l'aboutissement de son travail que dans l'œuvre terminée au moment où elle passe, brillante, polie et pure, dans la cour de l'usine, vers les camions de livraison. L'esprit de l'échoppe n'existe plus, mais certainement un esprit plus collectif. Si l'ouvrier est intelligent, il comprendra les destinées de son labeur et il en concevra une fierté légitime. Lorsque l'*Auto* publiera que telle voiture vient de faire 260 à l'heure, les ouvriers se grouperont et se diront : « C'est notre voiture qui a fait ça. » Ceci est un facteur moral qui compte.

La journée de huit heures! Les trois-huit dans l'usine! Les équipes se relaient. Celle-ci commence à 10 heures du soir et finit à 6 heures du matin; cette autre a terminé son travail à 2 heures de l'après-midi. Qu'est-ce que le législateur a pensé de cela lorsqu'il a accordé la journée de huit heures? Que va faire cet homme qui est libre de 6 heures du matin à 10 heures du soir, de 2 heures de l'après-midi à la nuit? Jusqu'ici le « bistro » seul s'est prémuni. Que devient la famille dans ces conditions? Le gîte est là pour recevoir la bête humaine et l'accueillir, et l'ouvrier est assez cultivé pour savoir tirer un parti sain de tant d'heures de liberté. Mais non, justement non, le gîte est hideux, et l'esprit n'est pas éduqué pour

Avion Voisin devant son hangar.

tant d'heures de liberté. On peut donc bien écrire : Architecture ou démoralisation, démoralisation et révolution.

Voyons autre chose :

La formidable activité industrielle actuelle, dont on se préoccupe forcément beaucoup, met à chaque heure sous nos yeux, soit directement, soit par l'entremise des journaux et des revues, des objets d'une nouveauté saisissante et dont le pourquoi nous préoccupe, nous ravit et nous inquiète. Tous ces objets de la vie moderne finissent par créer un certain état d'esprit moderne. Nous reportons alors avec effarement nos yeux sur les vieilles pourritures qui sont notre coquille de colimaçon, notre logis, et qui nous étreignent de leur contact quotidien, putride et sans utilité, sans rendement. Partout on voit des machines qui servent à produire quelque chose et qui le produisent admirablement, avec pureté. La machine que nous habitons est un vieux coucou plein de tuberculose. Nous ne faisons pas le pont entre nos activités quotidiennes à l'usine, au bureau, à la banque, saines, utiles et productives, et notre activité familiale handicapée à chaque contour. On tue la famille partout et on démoralise les esprits en les attachant comme des esclaves à des choses anachroniques.

Pont en fer.

L'esprit de chaque homme, formé par sa collaboration quotidienne à l'événement moderne, a consciemment ou inconsciemment formulé des désirs; ces désirs se rattachent fatalement à la famille, instinct de base de la société. Tout homme sait aujourd'hui qu'il lui faut du soleil, de la chaleur, de l'air pur et des parquets propres; on lui a appris à porter un col blanc brillant, et les femmes aiment le linge blanc et fin. L'homme sent aujourd'hui qu'il lui faut du divertissement intellectuel, du délassement corporel et la culture corporelle nécessaire pour récupérer les tensions musculaires ou cérébrales du labeur, du « hard-labour ». Ce faisceau de désirs constitue une somme de revendications.

Or, notre organisation sociale n'a rien de prêt qui puisse y répondre.

Autre chose : Quelles peuvent être les conclusions des intellectuels en face des réalités actuelles de la vie moderne?

La magnifique éclosion industrielle de notre époque a créé une classe spéciale d'intellectuels si nombreuse qu'elle constitue la couche sociale agissante.

Dans l'usine, dans les bureaux techniques, dans les sociétés d'études, dans les banques, dans les grands magasins, dans les journaux et les revues, il y a les ingénieurs, les chefs de service, les fondés de pouvoir, les secrétaires, les rédacteurs, les comptables, qui élaborent, en service commandé, les choses formidables qui nous occupent : ceux qui dessinent les ponts, les navires, les avions,

Transbordeurs à charbon sur le Rhin.

qui créent les moteurs, les turbines, ceux qui conduisent les chantiers, ceux qui distribuent les capitaux et les comptabilisent, ceux qui font des achats aux colonies ou dans les manufactures, ceux qui rédigent tant d'articles sur tout ce qui se produit de beau et d'horrible, qui enregistrent la courbe de fièvre d'une humanité en labeur, en constant accouchement, en crise, en délire parfois. Toute la matière humaine passe entre leurs doigts. **Ils finissent bien par observer, par conclure. Ces gens ont les yeux fixés sur l'étalage des grands magasins de l'humanité.** L'époque moderne est devant eux, étincelante et radieuse... de l'autre côté de la barricade. Rentrés chez eux, dans une aise précaire, rétribués sans rapport véritable avec la qualité de leur travail, ils retrouvent leur sale coquille de vieux colimaçon et ils ne peuvent pas songer à créer une famille. S'ils créent une famille, ils commencent le lent martyre que l'on sait. Ces gens aussi revendiquent les droits à la machine à habiter qui soit simplement humaine.

L'ouvrier, l'intellectuel sont empêchés de suivre aux injonctions profondes de la famille; ils usent, chaque jour, de l'outil brillant et utilement agissant de l'époque, mais ils n'ont pas la faculté de l'employer pour eux. Rien n'est plus décourageant, plus irritant. Rien n'est prêt. On peut bien écrire : Architecture ou Révolution.

La société moderne ne rétribue pas judicieusement les intellectuels, mais elle tolère encore les vieilles modalités de propriété qui s'opposent à la transformation de la ville et de la maison. La vieille propriété est assise sur des héritages et elle ne rêve que d'inertie, que de ne rien changer, que de perpétuer le *statu quo*. Alors que toutes les autres entreprises humaines sont assujetties à la rude morale de la concurrence, le propriétaire assis sur ses propriétés échappe princièrement à la loi commune; il règne. Sur le principe actuel de propriété il est impossible d'établir un budget de construction qui tienne. Donc on ne bâtit pas. Mais si les modalités de propriété changeaient, et elles changent (loi Ribot pour l'ouvrier, construction d'immeubles de rapport en propriété

Disque pour turbine de 40.000 kw. Usines du Creusot.

d'étage, etc., ou toutes autres initiatives privées ou d'État, plus hardies, qui pourraient intervenir) on pourrait bâtir, on serait enthousiaste à bâtir et on éviterait la révolution.

L'avènement d'un temps nouveau n'intervient que lorsqu'un sourd travail antérieur l'a préparé.

L'industrie a créé ses outils;

L'entreprise a modifié ses usages;

La construction a trouvé ses moyens;

L'architecture se trouve devant un code modifié.

L'industrie a créé de nouveaux outils; les illustrations qui accompagnent ces lignes en donnent une preuve émouvante. Un tel outillage est fait pour apporter le bien-être et alléger le labeur humain. Si l'on place cette rénovation en face du passé, il y a révolution.

L'entreprise a modifié ses usages; les lourdes responsabilités lui incombent maintenant : le coût, les délais, la solidité de l'ouvrage. Des ingénieurs nombreux occupent ses bureaux, calculent,

Ventilateurs Rateau, débit horaire : 59.000 m³.

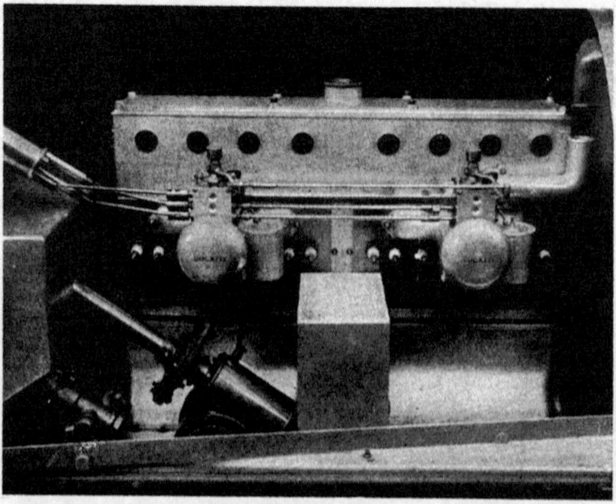

Moteur de la Bugatti.

pratiquent intensivement la loi d'économie, cherchent à mettre en accord ces deux facteurs divergents : le bon marché et la bienfacture. L'intelligence est à la source de chaque initiative, les innova-

Chicago. Construction d'une fenêtre : industrialisation.

Anticipation : l'avion de demain (Bréguet).

tions hardies sont désirées. La moralité de l'entreprise s'est transformée; la grande entreprise est aujourd'hui un organe sain et moral. Si l'on place ce fait nouveau en face du passé, il y a révolution dans les méthodes et dans l'ampleur des entreprises.

La construction a trouvé ses moyens, des moyens qui, à eux seuls, constituent une libération que les millénaires antérieurs avaient inutilement recherchée. Tout est possible avec le calcul et l'invention lorsqu'on dispose d'un outillage suffisamment parfait, et cet outillage existe. Le béton, le fer, ont transformé totale-

Limousin et Freyssinet. Usine.

ment les organisations constructives connues jusqu'ici, et l'exactitude avec laquelle ces matériaux s'adaptent à la théorie et au calcul nous donne chaque jour des résultats qui sont encourageants, par la réussite d'abord, ensuite par leur aspect qui rappelle les phénomènes naturels, qui retrouve constamment les expériences réalisées dans la nature. Si l'on se place en face du passé, on mesure alors que des formules neuves sont trouvées qui ne demandent qu'à être exploitées et qui apporteront, si l'on sait rompre avec les routines, une véritable libération dans les contraintes subies jusqu'ici. Il y a eu révolution dans les modes de construire.

L'architecture se trouve devant un code modifié. Les innovations constructives sont telles que les anciens styles, dont nous sommes obsédés, ne peuvent plus les recouvrir; les matériaux employés actuellement se dérobent aux agencements des décorateurs. Il y a une telle nouveauté dans les formes, dans les rythmes, fournie par les procédés constructifs, une telle nouveauté dans les ordonnances et les nouveaux programmes industriels, locatifs ou urbains, qu'éclatent enfin à notre entendement les lois véritables, profondes de l'architecture qui sont établies sur le volume, le rythme et la proportion; les styles n'existent plus, les styles sont hors de nous; s'ils nous assaillent encore, c'est comme des parasites. Si l'on se place en face du passé, on constate que la vieille codification de l'architecture, surchargée d'articles et de règlements pendant quarante siècles, cesse de nous intéresser; elle ne

Conception et construction de Freyssinet et Limousin.
Largeur 80 mètres, hauteur 50 mètres, longueur 300 mètres.
La nef de Notre-Dame de Paris mesure 12 mètres de large et 35 mètres de haut.

nous concerne plus; il y a eu revision des valeurs; il y a eu révolution dans le concept de l'architecture.

Inquiété par les réactions qui agissent de toute part sur lui, l'homme actuel sent, d'une part, un monde qui s'élabore réguliè-

Freyssinet et Limousin, entrepreneurs. Grand hangar de dirigeable à Orly. Largeur 80 m., hauteur 56 m., longueur 300 m.

Les usines « Fiat » à Turin avec l'autodrome sur le toit.

rement, logiquement, clairement, qui produit avec pureté des choses utiles et utilisables et, d'autre part, il se retrouve déconcerté, dans un vieux cadre hostile. Ce cadre, c'est son gîte; sa ville, sa rue, sa maison, son appartement se dressent contre lui et, inutilisables, l'empêchent de poursuivre dans le repos le même chemin spirituel qu'il parcourt dans son travail, l'empêchent de poursuivre dans le repos le développement organique de son existence, lequel est de créer une famille et de vivre, comme tous les animaux de la terre et comme tous les hommes de tous les temps, en famille organisée. La société assiste ainsi à la destruction de la famille et elle s'aperçoit, avec terreur, qu'elle en périra.

Un grand désaccord règne entre un état d'esprit moderne qui est une injonction, et un stock étouffant de détritus séculaires.

C'est un problème d'adaptation où les choses objectives de notre vie sont en cause.

La société désire violemment une chose qu'elle obtiendra ou qu'elle n'obtiendra pas. Tout est là; tout dépend de l'effort qu'on fera et de l'attention qu'on accordera à ces symptômes alarmants.

Architecture ou révolution.

On peut éviter la révolution.

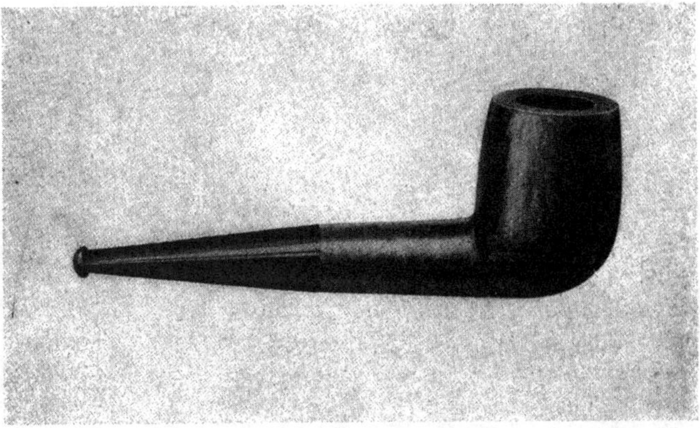

Coopérative « la Pipe ».

Paris, 1921-1922.

LETTRE DE LE CORBUSIER A CHARLES L'EPLATTENIER

Le Corbusier avait 21 ans quand il écrivit cette lettre à son vieux maître Charles L'Eplattenier. Mais elle ne fut connue qu'au lendemain de sa mort grâce à la fille du professeur de La Chaux-de-Fonds qui l'avait pieusement conservée et qui la confia à la *Gazette de Lausanne*. Ce message ignoré toute une vie prend un éclat particulier à être révélé seulement quand tout paraît fini. Il fait mieux comprendre ce que fut cet homme, sa sensibilité, son caractère, sa détermination et jusqu'à ses travers que, semblable à tous, il avait aussi; il fait mieux comprendre ce que fut sa lutte, et mieux saisir les raisons profondes de sa rigueur, l'origine de sa vigueur et de sa tendresse, de son affection exigeante, des sursauts violents que seul un timide peut avoir; il fait découvrir la constance d'une attitude féconde : la longue méditation qui précède la création.

Nous sommes en 1908. Il a 21 ans. Mais il a déjà élargi son horizon. Il a parcouru l'Europe, noté tout ce qui est architecture d'un trait incisif comme peut le faire le graveur qu'il est. Il pressent l'éclosion des temps nouveaux dans les craquements qu'il perçoit en tous domaines. Il discerne ce que peuvent être les fruits de l'alliance du fer et du ciment. Plus, il a cette étrange prémonition de ce que sera sa vie, sa lutte, dans une lucidité étonnante. En ce début de siècle, lui-même éclate de sève, d'ardeur, d'enthousiasme, de détermination. Cette lettre, sa lettre, est un magnifique message à la jeunesse et il demeure d'une actualité évidente.

Eugène Claudius-Petit,
vice-président de l'Assemblée nationale,
ancien ministre
de la Reconstruction et de l'Urbanisme

Paris, le 22 novembre 1908

Mon bien cher Monsieur,

Je vais rentrer pour quelques jours au pays; j'en ai beaucoup de joie — celle de vous revoir ainsi que mes bons parents — et beaucoup d'angoisse aussi. Les cartes et lettres reçues de Perrin, qui est mon ami, me laissent une impression de malaise... et ça m'est une nécessité (tâche bien difficile à cause de mon jeune âge) de vous dire ce que je suis afin que notre revoir soit fait tout de joie et d'encouragement — de vous à moi — et non de malentendu.

Peut-être n'aurez-vous pas eu tort de faire de moi autre chose qu'un graveur, car je me sens *de la force.*

Vous dire que ma vie n'est point de rigolade mais de travail intense, nécessaire, est inutile, car, de graveur que j'étais, pour devenir un architecte de la conception que je me suis faite de cette vocation, *il faut faire un pas immense... mais maintenant que je sais où je vais, je pourrai faire l'effort — en pleine joie, en enthousiasme victorieux — de ce pas.*

Les heures de Paris sont des heures fécondes, pour qui veut faire, des heures qui passent, une moisson de force. Paris la ville immense — de pensées — où l'on se perd, *si l'on n'est, pour soi, sévère et impitoyable (sans pitié). Tout est là, pour qui veut aimer (amour de l'esprit divin qui est en nous, et qui peut* être notre esprit, *si nous l'invitons à cette tâche noble).*

Et rien n'est, pour celui qui ne contracte pas ses pensées sans souffrir, à chaque heure de la journée, pour savoir si ces heures qui coulent sont des heures bonnes. La vie *de Paris est faite d'austérité — active. Paris est la mort des rêveurs, le coup de fouet cinglant à chaque minute des esprits qui veulent* travailler *(fournir du travail).*

La vie de Paris est solitaire pour moi. Et depuis 8 mois je vis seul *— seul à seul avec cet esprit fort qui est en chaque homme, et avec qui je veux chaque jour causer. Et aujourd'hui, je puis parler avec mon esprit — heures fécondes de solitude, heures où l'on sape et où le fouet cingle. Oh, que n'ai-je un peu plus de temps pour penser et apprendre? La vie réelle, mesquine, est dévoreuse des heures.*

Mon concept s'établit — je vous dirai plus loin quels furent ses provocateurs (ceux qui provoquèrent les idées) et sur quoi il se base. Pour l'établir, je vous dirai : « je n'ai pas rêvassé ».

Il est large ce concept; il m'enthousiasme... il me châtie; il m'emporte, il me donne des ailes parfois, quand la force qui est en moi me crie — provoquée par un fait intérieur — : « tu peux! » J'ai devant moi 40 ans pour atteindre ce que j'estompe de grand sur mon horizon encore lisse.

Et aujourd'hui c'est fini des petits rêves enfantins d'une réussite semblable à celle d'une ou deux écoles d'Allemagne — Vienne — Darmstadt. C'est trop facile, et je veux me battre avec la vérité elle-même. Elle me martyrisera peut-être — sûrement. Ce n'est pas la quiétude qu'aujourd'hui j'envisage et me prépare pour l'avenir. Et peut-être moins encore le triomphe de la foule... Mais moi, je vivrai — sincère — et de l'invective je serai heureux.

La force qui est en moi parle, et quand je dis ces choses, je ne rêve pas.

La réalité sera un jour (sous peu) peut-être cruelle; car la lutte contre ceux que j'aime s'approche et eux devront venir en avant, sinon nous ne pourrons plus nous aimer.

Oh, combien je voudrais ardemment que mes amis, nos camarades, chassent loin la petite vie aux satisfactions journalières et brûlant ce qu'ils avaient de plus cher — croyant que ces choses chéries étaient bonnes — ils sentent combien bas ils visaient et combien peu ils pensaient. *C'est par la pensée qu'aujourd'hui ou... demain on fera l'art nouveau. La pensée se dérobe et il faut se battre avec elle, il faut aller dans la solitude — Paris donne la solitude à celui qui ardemment, cherche le silence et la retraite aride.*

Mon concept de l'art de bâtir est ébauché dans ses grandes lignes que seules jusqu'ici mes faibles ressources — ou incomplètes ressources — m'ont permis d'atteindre.

Vienne ayant porté le coup de mort à ma conception purement plastique (faite de la recherche seule *des formes) de l'architecture — arrivé à Paris je sentis en moi un vide immense et je me dis : « Pauvre!*

tu ne sais encore rien, et, hélas, tu ne sais pas ce que *tu ne fais pas* ». *Ce fut là mon immense angoisse. A qui demander cela : à Chapallan qui lui le sait encore moins et augmenta ma confusion. A Grasset alors, à F. Jourdain, à Sauvage, à Paquet — je vis Perret mais n'osai l'interroger à ce sujet. Et tous ces hommes me disent : « Vous en savez bien assez de l'architecture ». Mais mon esprit se révoltait, et j'allai consulter les vieux. Je choisis les plus* enragés *lutteurs, ceux auxquels nous sommes, nous du XX*e *Siècle, prêts à être semblables : les Romans. Et pendant 3 mois j'étudiai les Romans, le soir à la Bibliothèque. Et j'allai à Notre-Dame et je suivis la fin du cours gothique de Magne — aux Beaux-Arts... et je compris.*

Les Perret furent ensuite pour moi les fouets. Ces hommes de force me châtièrent : ils me dirent — par leurs œuvres, et parfois, dans des discussions : « Vous ne savez rien ». Je soupçonnai, par l'étude du Roman, que l'architecture n'était pas une affaire d'eurythmie des formes mais... autre chose... quoi ? Je ne le savais pas encore bien. Et j'étudiai la mécanique, puis la statique ; oh, ce que j'ai transpiré là-dessus pendant tout l'été. Combien de fois me suis-je trompé, et aujourd'hui, avec colère, je constate les creux dont est formée ma science d'architecte moderne. Avec rage et joie, parce que je sais enfin *que là est le bon, j'étudie les forces de la matière. C'est ardu, mais c'est beau, ces mathématiques, si logiques, si parfaites !... Magne a repris un cours de la Renaissance italienne, et par la négation, là encore j'apprends ce qu'est l'architecture. Boennelwald a repris un cours d'architecture romane-gothique et là éclate ce qu'est l'architecture.*

Sur le chantier des Perret, je vois ce qu'est le béton, les formes révolutionnaires qu'il exige.

Ces 8 mois de Paris me crient : logique, vérité, honnêteté, arrière le rêve vers les arts passés. Les yeux hauts, en avant ! Mot pour mot, de toute la valeur des mots, Paris me dit : « Brûle ce que tu as aimé et adore ce que tu brûlais. »

Vous Grasset, Sauvage, Jourdain, Paquet et autres, vous êtes des menteurs.

Grasset, modèle de vérité, menteur, parce que vous ne savez pas ce qui en est de l'architecture — mais vous autres, architectes tous, menteurs, oui et en plus conards.

L'architecte doit être un homme au cerveau logique ; ennemi, parce que devant s'en méfier, de l'amour de l'effet plastique ; homme de science et autant de cœur, artiste et savant. Je le sais *et personne de vous ne me l'a dit : les ancêtres savent parler à qui veut les consulter.*

L'architecture égyptienne a été telle, parce que la religion était telle et que les matériaux étaient tels. Religion de mystère, appareil en plates-bandes — temple égyptien.

L'architecture gothique a été telle, parce que la religion était telle, et que les matériaux étaient tels. Religion d'expansion et matériaux petits — la cathédrale.

Comme conclusion aux lignes précédentes. Si on emploie la plate-bande, on fera le temple égyptien, ou grec, ou mexicain. Si le petit matériau s'impose, la cathédrale s'impose et les 6 siècles qui ont suivi la cathédrale prouvent que hors de cela on ne peut rien faire.

On parle d'un art de demain. Cet art sera. *Parce que l'humanité a changé sa manière de vivre, sa façon de penser. Le programme est nouveau. Il est nouveau dans un cadre nouveau; on peut parler d'un art à venir, parce que ce cadre, c'est le fer, et que le fer est moyen nouveau. L'aurore de cet art devient éblouissante parce que du fer, matériau sujet à la destruction, on a fait du béton armé, création inouïe dans ses résultats et qui, dans l'histoire des peuples par leurs monuments, marquera un jalon de hardiesse.*

Mercredi matin, 25 novembre

Je veux continuer cette vie d'étude, de travail et de lutte encore longtemps — vie heureuse, vie de jeune homme. A Paris et dans des voyages — jusqu'à ce que je sache assez. *Je le veux, car là je sens le Bien.*

Je ne serai plus d'accord avec vous si des choses ne changent. Je ne pourrais pas être *d'accord. — Vous voulez, de jeunes hommes de 20 ans, faire des hommes épanouis,* actifs, *exécutants (qui exécutent et endossent vis-à-vis de leurs successeurs des* responsabilités*). Car* vous, *vous sentant dans la pleine force féconde vous croyez la voir, déjà acquise, chez des jeunes gens. Cette force* y est; *mais à développer dans le sens où, inconsciemment — puisque aujourd'hui vous semblez renier votre vie de jeunesse — vous la développâtes à Paris et dans vos voyages, dans* votre solitude *des premières années de La Chaux-de-Fonds.*

Des élèves du cours vous faites des hommes déjà — par leurs travaux — des orgueilleux, des victorieux. Il faut qu'à 20 ans on soit modeste.

L'orgueil se puise au fond même de leur vie actuelle. Ils couvrent des murs de belles couleurs et croient ne savoir faire que de la beauté. Peut-être leur beauté est-elle misérablement fausse; elle est factice. — Beauté de surface. — Nécessairement, Beauté de hasard : *pour œuvrer il faut savoir. Les élèves du cours ne savent pas, puisqu'ils n'ont pas encore appris. Ils sont noyés dans leur concept prématuré. Ils n'ont point eu de douleur, point eu de tribulations : sans tribulations, on ne fait pas de l'art : l'art est le cri d'un* cœur vivant. *Leur cœur n'a jamais vécu car ils ne savent* pas encore *qu'ils ont un cœur.*

Et moi, je dis : Tout ce petit succès est prématuré; la ruine est proche. On ne bâtit pas sur le sable.

Le mouvement est parti trop tôt. Vos soldats sont des fantômes. Quand la lutte sera là, vous resterez tout seul. *Car vos soldats sont des fantômes puisqu'ils ne savent pas qu'ils* existent *— pourquoi ils existent — comment ils existent.*

Vos soldats n'ont jamais pensé. L'art de demain sera un art de pensée :

Le concept Haut et en avant!

Vous seul voyez en avant. Eux voient au hasard — heureux hasard parfois — ils tâtonnent et succomberont de suite.

Vous qui tenez la force, vous avez su ce que c'était que se connaître soi-même; vous avez su ce qu'il en coûtait... de douleur et de cris de rage — et d'explosions d'enthousiasme. Et vous dites : j'ai souffert, je leur ai préparé le chemin; qu'ils vivent! — Tel un arbre sur un rocher aride a mis 20 ans à pousser ses racines et qui, généreux, dit : « J'ai eu la lutte — Que mes rejetons récoltent! », il fait tomber ses graines sur les quelques plaques d'humus qui marbrent le rocher, que lui-même — encore — a formées de ses feuilles mortes — de sa douleur. — Le rocher se chauffe au soleil, la graine éclôt; elle pousse ses petites racines — avec quelle vivacité! Quelle joie pour pointer ses petites feuilles vers le ciel!... mais le soleil chauffe le rocher; la plante regarde autour d'elle avec angoisse : elle sent l'étourdissement de la chaleur trop intense; elle veut lancer ses radicelles vers son grand protecteur. Mais lui a mis 20 ans pour enfoncer — avec lutte — ses membres à travers les fissures de la pierre; ses membres remplissent les fissures si minces. — D'angoisse, la petite plante accuse l'arbre qui la créa. Elle le maudit et meurt. Elle meurt de n'avoir pas vécu *— par elle-même.*

Voilà ce que je vois au pays. De là mon angoisse. Je dis : créer à 20 ans et oser continuer à vouloir créer : aberration, erreur, aveuglement prodigieux — orgueil inouï. Vouloir chanter quand on n'a pas encore de poumons ! Dans quelle ignorance de son être *faut-il être plongé?*

La parabole de l'arbre me fait peur... pour l'arbre qui se prépare la souffrance. Car vous êtes un être si plein d'amour que votre cœur sera endeuillé de voir la vie ardente — celle qu'on doit atteindre pour pouvoir se battre avec elle — venir comme un cyclone brûler les petites plantes qui orgueilleusement, de joie, pointaient leur tête vers le ciel.

Comment reverrai-je les amis? Je ne suis pas noble comme Perrin pour pouvoir me donner à eux. Je souffrirais trop — d'étouffement — et je fuirais. J'ai déjà souffert de mon sentiment si intense de solidarisation (depuis mon départ), avec 2 ou 3 et j'ai fui.

Ma lutte contre vous, mon maître que j'aime, sera contre cette erreur : Ebloui, subjugué par votre propre force, qui est extraordinaire, vous croyez partout voir des forces analogues. Vous croyez voir à l'ancien hôpital un foyer, jeune, ardent, enthousiaste; *c'est un foyer mûr déjà, victorieux déjà : c'est le vôtre qui y est* quand *vous y êtes et que vous le regardez flamber.*

Moi, je n'ose pas conclure, car je suis trop jeune pour vouloir voir juste plus loin. Mais jusque-là je vois. Car je n'ai parlé que de ce que j'ai vécu.

Ma lutte contre les amis sera la lutte contre leur ignorance; non que je sache quelque chose, mais parce que je sais *que je ne sais rien. — Je ne pourrai vivre avec eux car toujours ils me blesseront — ils m'enrayeraient car je veux voir haut et en avant.*

En moi je serai meurtri, puisque je les aime — d'amitié sévère. Le rêve de « solidarisation » qui s'écroule, voilà ce que je vois depuis quelque temps, ce qui a déjà commencé 2 ou 3 sont morts, de ceux qu'on croyait — pour nous — les plus vivaces : ils ne savent pas ce que c'est que l'Art : amour intense de son moi; *on va le chercher dans la retraite et la solitude, ce « moi » divin qui peut être un moi terrestre quand on le force — par la lutte — à le devenir. Ce* moi *parle alors, il parle alors, il parle des choses profondes de l'Etre : l'art naît et, fugace — il jaillit.*

C'est dans la solitude que l'on se bat avec son moi, que l'on se châtie et qu'on se fouette.

Il faut que les amis de là-bas cherchent la solitude.

...Où?

Comment?

Mercredi soir.

J'ai beaucoup tardé à vous écrire. L'aurais-je voulu, je n'aurais pu plutôt — j'en avais des remords car je sentais que vous deviez être inquiet de ce silence. J'ai tant à faire, que je n'ai plus une minute à moi. Je souhaite un peu de tranquillité, mais seul l'été me l'apportera, avec la cessation des cours. Ne doutez jamais de moi, je vous suis trop attaché pour vous oublier un seul jour. Je suis trop épris de votre belle œuvre pour ne pas faire autre chose que désirer de toutes mes forces que nous, *en qui vous avez placé votre confiance, nous soyons dignes de la tâche, et* prêts, *à l'heure décisive. Je vous dis un court au revoir, puisque bientôt j'aurai la joie de pouvoir vous parler, je signe*

votre élève très affectionné
Ch. E. Jeanneret

N.D.E. : Nous tenons particulièrement à remercier Monsieur Eugène Claudius-Petit qui nous a aimablement signalé l'existence de cette lettre.

TABLE DES MATIÈRES

Achevé d'imprimer en septembre 2009
sur les presses de l'imprimerie Maury-Imprimeur
45330 Malesherbes

N° d'édition : L.01EBUN000188.C002
Dépôt légal : septembre 2009
N° d'impression : 09/09/150276

Imprimé en France